GRIECHISCHE
KÜCHE
&WEINE

LOKALE SPEZIALITÄTEN
TRADITIONELLE REZEPTE
MIT BILDERN

ALLEINVERTRIEB "TECHNI S.A."

Rezepte - Texte: SOFIA SOULI
Bearbeitung - Vorstellung der Rezepte: XENI KANELLOPOULOU
Übersetzung: HERMES - ÜBERSETZUNGEN

Künstlerische Betreuung: NORA ANASTASOGLOU
Photosatz, Montage, Vierfarvendruck, Druck: GRAPHISCHE TECHNIKEN M. TOUBIS S.A., Tel. 9923874

Willkommen zur griechischen Küche!

Wenn wir uns, wie die ersten Menschen, die in diesem Bereich des Mittelmeerraumes wohnten, überlegen würden, was eigentlich Griechenland ausmacht, dann fänden wir eine Landschaft mit einem Klima, das die meisten Pflanzen und Tiere der Natur begünstigt, und auch wir kämen sicherlich zu dem Ergebnis, daß dieser Schnittpunkt zwischen Westen und Osten viele Vorzüge in sich vereinigt. Hier sieht man, wie die Sonne die Traube und die Olive zärtlich verwöhnt und das Getreide auf der Tenne vergoldet hat. Man sieht, wie der Regen das Erdreich lockert, damit es für die Saat bereit ist, und der Schnee der hohen Berge die Felder bewässert, wenn er schmilzt. Dieses Bild wird durch das Meer ergänzt, welches das Land ringsum einschließt und eine unerschöpfliche Quelle des Reichtums ist.

Die Bewohner des griechischen Raumes stimmten ihre Bedürfnisse auf diesen natürlichen Reichtum ab und schufen in den Jahrtausenden eine Vielzahl von Verbindungen für den Geschmack und das Auge.

In diesem Teil der Erde, wo sich der Geist und die Künste entwickelten, wo man über das ideale Leben nachdachte, muß man auch der Tafel die entsprechende Aufmerksamkeit gewidmet haben, an der die Gastmähler stattfanden. Sicherlich begleitete ungemischter Wein die ausgesuchten Speisen, die alle Wünsche der verwöhnten antiken Tischgenossen erfüllten. In Ionien jedoch blühte die Kunst des Tafelns weitaus mehr als in allen anderen Landschaften Griechenlands. Die Griechen, die seit uralten Zeiten an der kleinasiatischen Küste ansässig waren, schufen blühende Städte von wirtschaftlicher Macht und kultureller Bedeutung. In jener Zeit und den Jahrhunderten, die sich anschlossen, fuhren die griechischen Schiffe durch die Ägäis und verringerten immer mehr die Entfernung zur kleinasiatischen Küste. Die meisten Bewohner des ägäischen Raumes hatten Verwandte und Freunde auf der gegenüberliegenden, kleinasiatischen Seite. Und bei der ersten passenden Gelegenheit verlegten die Bewohner der Inseln wie Chios, Lesbos, Naxos, Mykonos, der Dodekanes, Kretas und Zyperns ihre künstlerischen und ökonomischen Aktivitäten an die kleinasiatische Küste. Bei diesem Austausch erschlossen sich ihnen neue Horizonte, empfingen und gaben sie auch in der Kochkunst.

Alle diese Einflüsse vermischten sich mit den lokalen Gewohnheiten des mittleren und westlichen Griechenlands, dessen eigene, langjährige Tradition in byzantinischer Zeit geblüht und bis zum Ionischen Meer gereicht hatte. Dort mischten sich die Gewohnheiten der Inseln mit westlichen Einflüssen und Strömungen aus dem Italien der Renaissance. Man kann also sagen, daß eine Reise in das Griechenland des Geschmacks ganz gewiß lohnt, denn jede Landschaft, von Norden bis Süden und von Westen nach Osten, hält ganz besondere Überraschungen bereit.

Diese kulinarische Reise erhält eine weitere faszinierende Note durch die große Vielfalt der Weine, die jede Landschaft bietet. Sie tragen zu dem Genuß ganz wesentlich bei.

Das vorliegende Buch beschreibt alle typisch griechischen Gerichte. Die umfangreiche Sammlung wird durch traditionelle Festtagsrezepte, lokale Spezialitäten und berühmte griechische Süssigkeiten ergänzt. Natürlich durfte eine Beschreibung und Führung durch das Gebiet der berühmten griechischen Weine nicht fehlen. Der Leser findet außerdem Informationen über die griechischen Getränke, den Käse und andere faszinierende Dinge. Die Beschreibungen sind von zahlreichen Farbfotografien begleitet, die durch ihre Anschaulichkeit die Auswahl erleichtern. Die hier gesammelten Rezepte sind besonders charakteristisch, doch gibt es natürlich auch viele Abwandlungen. Da das Kochen aber eine Kunst ist, ist der Leser aufgefordert, selbst die Hauptrolle zu spielen und seiner Fantasie und seinem eigenen Geschmack freien Lauf zu lassen. Als Ergänzung der Bemühung, etwas Besonderes zu bieten, wurden Angaben über die Kalorien hinzugefügt, die jeweils eine Portion enthält. Der Inhalt des Buches möchte dem Leser nützen, ohne ihm in seinem Alltag in Schwierigkeiten zu bringen. Verschiedentlich haben wir uns auch herausgenommen, das Getränk oder die Beilagen vorzuschlagen, von denen ein Gericht am besten begleitet wird. Das bedeutet aber nicht, daß diese Vorschläge bindend sind. Die Entscheidung liegt ganz alleine beim Leser. Denn in Griechenland - vielleicht mehr als anderswo - beginnt ein gutes Essen mit der guten Laune. Es ist ein Fest und eine Unterhaltung.

Herzlich willkommen zur griechischen Küche!

Sofia Souli

Inhalt

11. Festtagsgerichte 112

12. Lokale Spezialitäten 132

13. Süßigkeiten . 156

14. Weine- Getränke 170

mezedes
Vorspeisen 8-23

salates
Salate 24-31

pites
Pasteten 32-39

soupes
Suppen 40-45

saltses
Soßen 46-49

kynigi - poulerika
Wild - Geflügel 50-55

kreata
Fleischgerichte 56-71

kimades
Hackfleischgerichte 72-87

psaria - thalassina
Fische - Meeresfrüchte 88-103

ladera
Gerichte mit Öl 104-113

giortines syntages
Festtagsgerichte 114-131

topikes spesialite
Lokale Spezialitäten 132-155

glyka
Süßigkeiten 156-169

krasia - pota
Weine - Getränke 170-188

Vorspeisen Mezedes

Vorspeisen werden zum Auftakt einer kompletten Mahlzeit angeboten und sollen den Appetit anregen.
Darüber hinaus sind sie aber auch kleine Leckerbissen in Stunden der Unterhaltung und der Entspannung.

Die griechische Küche hat so viele und verschiedene Vorspeisen anzubieten, daß man nicht selten dazu verführt wird, da man nun schon einmal mit ihnen begonnen hat, bei den Vorspeisen zu bleiben und mit ihnen abzuschließen

Üblicherweise gehören zu einem Mahl wenige, aber pikante Vorspeisen. Sie sollen den Appetit für die weitere Mahlzeit angeregen, ihn aber nicht sättigen. Doch ändern sich die Zeiten und mit ihnen auch die Lebensgewohnheiten.
Wie oft hat man denn heute eigentlich Zeit, ein umfangreiches Mahl vorzubereiten und zu genießen?
Doch mit Freunden in einer kleinen Gaststätte irgendwo am Meer zu sitzen, vor sich einige Vorspeisen und eine Flasche Ouzo, zählt zu den kleinen Glücksfällen des Lebens, die man in Griechenland erleben kann.
Die gute Vorspeise spielt eine besondere Rolle, sie ist der pikante Wohlgeschmack der Mahlzeit.

In diesem Kapitel haben wir für Sie eine Reihe von Rezepten ausgewählter griechischer Vorspeisen zusammengestellt.
Sie wählen die Gesellschaft, in der Sie speisen!
Alle Zutaten gibt es auf dem griechischen Markt, sie sind Erzeugnisse des Landes. Das bedeutet aber nicht, daß sie diese nicht auch anderswo finden können.
Und gelingen werden diese Rezepte überall in der Welt!

Als Begleitung zu den Vorspeisen empfehlen wir griechischen Ouzo, der traditionsgemäß die Vorspeisen begleitet und geharzten Wein (Retsina), der bei jeder Gelegenheit angenehm zu trinken ist. Guten Appetit!

Krabbensalat
(garidosalata)

Eine Portion (250 g) hat 300 kcal.

8 Portionen

1	kg Krabben
1/2	kg Kartoffeln
1/3	Tasse Kapern
5	hartgekochte Eier
1	Eßlöffel Mayonnaise
	Petersilie
	Essig
	Salz

Die Krabben waschen und 15 Minuten ohne Wasser nur mit etwas Essig und Salz kochen. Die Kartoffeln schälen, in kleine Würfel schneiden und kochen. In eine Salatschüssel die hartgekochten Eier in große Stücke schneiden, die Kapern, die gesäuberten Krabben und zwei Eßlöffel Mayonnaise zugeben. Den Salat gut durchmischen und nach Belieben in der Schüssel anordnen. Mit der restlichen Mayonnaise übergießen und mit Petersilie garnieren.

Gekochter Oktopus
(chtapodi vrasto)

Eine Portion (115 g) hat 220 kcal.

8-10 Portionen

1	Oktopus von 1½ kg
3/4	Tasse Öl
3	Knoblauchzehen
4	Eßlöffel Essig
4	Pfeffer, Oregano

Oktopus waschen und ohne Wasser in einen Topf geben. Auf mittlerer Flamme im eigenen Sud kochen. Ist dieser aufgesogen, noch etwas Wasser zugeben, wenn der Oktopus noch nicht genügend weich ist. Sobald er weich ist, abtropfen lassen und in Stücke schneiden. Die Zutaten mischen und über den Oktopus gießen.

Veränderung: Statt Oregano kann auch Petersilie verwendet werden.

Oktopus in Wein
(chtapodi krasato)

Eine Portion (115 g) hat 411 kcal.
Kochzeit etwa eine Stunde.

12-14 Portionen

2	kg Oktopus
1	Tasse Öl, Pfeffer
2	Tassen trockener Rotwein

Den Oktopus waschen und in kleine Stücke schneiden. Das Öl und den Oktopus in einen Topf geben und kochen, bis der Sud aufgesogen ist. Im Öl weiterkochen, mit Pfeffer würzen und mit dem Wein löschen. Den Oktopus kochen bis er weich und die Soße eingedickt ist.

Veränderung: Nach Wunsch können auch 4-5 ganze, kleine Tomaten und zwei Lorbeerblätter mitgekocht werden.

Gebratene Miesmuscheln
(midia tiganita)

Eine Portion (6 Muscheln) hat 720 kcal.
Bratzeit 10 Minuten.

10 Portionen

1½	kg Miesmuscheln
3/4	Tasse Milch
1	verquirltes Ei
1	Eßlöffel Öl
1	Tasse Mehl
	Salz, Pfeffer, Öl zum Braten

Die Muscheln sehr sorgfältig waschen und mit einem scharfen Messer öffnen. Das Fleisch aus den Schalen nehmen, erneut waschen und gut abtropfen lassen. Ei, Milch, Öl, Salz und Pfeffer mischen. Mehl zugeben und gut durchrühren bis der Teig flüssig ist. Etwa eine Stunde ruhen lassen. Ausreichend Öl in einer Pfanne erhitzen. Wenn das Öl raucht, Muschelfleisch in den Teig tauchen und in der Pfanne braten.

Heringssalat
(rengosalata)

Eine Portion (130 g) hat 310 kcal.

8-10 Portionen

4	Heringe
	Milch
1/2	kg Kartoffeln
1	Zwiebel
4	Eßlöffel Essig
1	grüne Paprikaschote
	Petersilie

Die Heringe 7-8 Stunden in Milch einlegen. Abtropfen lassen, Haut abziehen, Gräten entfernen und Heringe in kleine Stücke schneiden. Kartoffeln kochen, schälen und in Würfel schneiden. Zwiebel und Paprikaschote schneiden, die feingehackte Petersilie zugeben. Alle Zutaten unter Zugabe von Essig und Öl gut durchmischen.

Veränderung: Anstelle der Paprikaschote können auch ein saurer Apfel, 1/2 Tasse fettreiches Joghurt und Senfpulver zugegeben werden.

Zum Servieren eine Platte mit Salatblättern belegen. Die Muscheln darüber legen und mit Zitronenscheiben garnieren.

Innereien mit Öl und Oregano
(entosthia ladorigani)

Eine Portion (130 g) hat 340 kcal.
Kochzeit 50 Minuten.

8-10 Portionen

1	große oder 2 kleine Hammellebern
1	Tasse Öl
1	Zwiebel
3	Zehen Knoblauch
2	Zitronen
1	Teelöffel Mehl
	Oregano, Salz, Pfeffer

Die Leber gut waschen und in Stücke schneiden. Öl, Zwiebel, den kleingehackten Knoblauch und die Leber in einen Topf geben. Mit Salz, Pfeffer und Oregano würzen. Unter mehrmaligem Umwenden die Leber von allen Seiten anbraten. Anschließend Wasser zugeben, damit die Leber weich wird. Die Zitronen auspressen und den Saft in einer Schüssel mit dem Teelöffel Mehl und einer Tasse Wasser vermischen. Das Gericht damit übergießen und den Topf bewegen, damit sich die Flüssigkeit gleichmäßig verteilt. Dann noch weitere drei Minuten kochen.

Kalbsleber mariniert
(sikotakia marinata)

Eine Portion (130 g) hat 330 kcal.
Kochzeit 30 Minuten.

6-8 Portionen

1	kg Kalbsleber
1	Tasse Öl
2	Eßlöffel Mehl
2	Eßlöffel Essig
4	Lorbeerblätter
	Rosmarin, Mehl zum Braten
	Salz, Pfeffer

Haut abziehen und die Leber in dünne Scheiben schneiden. Mit Salz und Pfeffer einreiben und einige Zeit stehenlassen. Das

Gefüllte Milz
(splina jemisti)

Eine Portion (130 g) hat 250 kcal.
Kochzeit 60-70 Minuten.

6 Portionen

1	mittelgroße Milz vom Kalb
1/2	Tasse kleingeschnittene Leber
1	Tasse Tomatensaft
1	Tasse Öl
5	Zehen Knoblauch
1	Zwiebel, Petersilie, kleingehackt
	Salz, Pfeffer

Die Milz sorgfältig waschen und auf einer Seite einschneiden. Danach mit einem Messer auch innen einschneiden, doch darauf achten, daß sie nicht ringsum aufgeschnitten wird. Öl in einer Pfanne mit dem kleinge-hackten Knoblauch und der kleingeschnitte-nen Zwiebel erhitzen. Dann die Leberstück-chen zugeben und anbraten, anschließend Tomatensaft, Petersilie, Salz und Pfeffer zu-fügen. 15-20 Minuten kochen bis eine dicke Soße entsteht.

Die Milz mit dieser Mischung füllen und die Öffnung mit Nadel und Faden vernähen: Milz in eine Backpfanne legen, mit Salz und Pfeffer würzen und das restliche Öl darüber geben. Das Gericht 40-50 Minuten im Rohr backen. Die Milz in Scheiben schneiden und kalt servieren.

Veränderung: Die Leberstückchen können durch Hackfleisch ersetzt werden.

Öl in eine Pfanne geben und erhitzen. Die Scheiben in Mehl wenden und bei mittlerer Hitze braten. Darauf achten, daß sie nicht anbrennen. Anschließend in das Bratöl 2 Eßlöffel Mehl geben. Den Essig, der mit et-was Wasser verdünnt wurde, Rosmarin, Lorbeerblätter, Salz und Pfeffer zugeben. Die Soße einige Zeit kochen und danach die ge-bratene Leber übergießen.

Innereien mit Milz
(splinandero)

Eine Portion (130 g) hat 340 kcal.
Kochzeit 1 ½ Stunden.

10-12 Portionen

1	*Darm von Hammel oder Ziege Innereien ohne die Lungen*
3-4	*Milzen und Gekröse*
6-7	*Zehen Knoblauch, Salz, Pfeffer*

Die Innereien in Stücke schneiden, mit Salz und Pfeffer würzen. Den kleingehackten Knoblauch zugefügen. Den Darm, der sehr sorgfältig gewaschen und an einer Seite abgebunden wurde, mit den Innereien füllen. Danach den Darm auch auf der anderen Seite zubinden. Auf den Grillspieß stecken, wobei man darauf achtet, daß beim Drehen des Spießes nicht eine Seite stärker gegrillt wird. Wenn das Gericht durch und knusprig braun ist, wird es in Scheiben geschnitten.

Kalbsleber mit Zwiebeln
(sikoti me kremidakia)

Eine Portion (180 g) hat 650 kcal.
Kochzeit 50 Minuten.

5-6 Portionen

1	*kg Kalbsleber*
1	*kg kleine Zwiebeln*
1	*Tasse Öl*
1	*Tasse trockener Weißwein*
1	*Tasse Tomatensaft*
2	*Nelken, Salz, Pfeffer*

Leber in Scheiben schneiden, waschen und abtropfen lassen. Zwiebeln schälen, in einem Topf das Öl erhitzen, die Zwiebeln zugeben und goldgelb anbraten. Anschließend die Leber und die Nelken zugeben, mit Salz und Pfeffer würzen. Die Scheiben mehrmals umwenden, dann den Wein und den Tomatensaft zugeben. Das Gericht auf schwacher Flamme kochen bis die Leber weich und die Soße eingedickt ist.

Geflochtene Därme
(anderakia plexudes "garduba")

Eine Portion (115 g) hat 100 kcal.
Kochzeit 60 Minuten.

10-12 Portionen

2	*kg Darm vom Hammel*
1	*Tasse Öl*
2	*Eßlöffel Butter*
3	*Zitronen*
	Oregano
	Kreuzkümmel
	Salz, Pfeffer

Die Därme sehr gut waschen und die Innenseite nach außen wenden. Salzen und mit Zitronensaft einreiben. Noch einmal waschen, mit kochendem Wasser überbrühen und abtropfen lassen. Danach in einer Schüssel mit dem Kreuzkümmel, Oregano und Salz gut durchmischen.

Die Därme in vier Bündel teilen und jedes in einen nicht sehr dichten Zopf flechten. Die Zöpfe in einen Topf legen und Öl, Zitrone, Butter und zwei Tassen Wasser zugeben. Das Gericht auf mittlerer Flamme etwa eine Stunde kochen bis die Soße eingedickt ist.

Veränderung: Hammelfett oder Gekröse werden mit den Därmen fest umwickelt und verknotet wie bei Kokoretsi.

Sülze
(pichti)

1 Portion (130 g) hat 780 kcal.
Kochzeit 90 Minuten für das erste Kochen,
30 Minuten für das zweite

1	Schweinekopf von 3-4 kg
4-5	Knoblauchzehen
10	Lorbeerblätter
	Pfefferkörner
	Salz
1	kleine Kaffetasse Essig

*Zur Garnierung: 2 hartgekochte Eier und 2
gekochte Karotten.*

Den Kopf gut säubern, Haare entfernen
und sehr gut kochen. Abkühlen lassen und
Sud aufbewahren. Knochen entfernen und
Kopf in Stücke schneiden. Den Sud abseihen, Fleisch zufügen und erneut kochen.
Grobgehackten Knoblauch, Lorbeerblätter,
Essig, Pfefferkörner und Salz zugeben.
Wenn das Ganze richtig kocht, Eier und geschnittene Karotten in beliebigen Mustern
anordnen. Zuerst die Fleischstücke einfüllen
und anschließend die Brühe darübergeben
bis alles bedeckt ist. Die abgekühlte Sülze im
Kühlschrank aufbewahren.

Innereien mit Reis
(sarmas)

Eine Portion (130 g) hat 680 kcal.
Kochzeit 30 Minuten.

6-8 Portionen

1	Portion Innereien vom Hammel
1	Portion Hammelgekröse,
	Hammelfett, etwas Darm
1	Tasse Reis
	Petersilie und Minze, kleingehackt
2	Eßlöffel Butter
1/2	kg frische Zwiebeln, kleingeschnitten
1	Ei, Salz, Pfeffer

Die Leber, das Fett, die Därme und die
Milz, die kurz gekocht wurde, in kleine Stücke
schneiden. Einen Löffel Butter in einem Topf
erhitzen und die Zwiebeln anbräunen. Dann
die Innereien zugeben und gut durchrühren.
Petersilie, Minze, Reis, Salz, Pfeffer und etwas
Wasser zugeben. Das Ganze etwa 10 Minuten kochen. Danach das Gekröse so in eine
tiefe, gebutterte Backpfanne legen, daß ein
breiter Rand frei bleibt. Die Mischung darübergeben, einen Löffel Butter zugeben und
mit dem Gekröse zudecken. Anschließend
mit verquirltem Ei bestreichen und 20 Minuten im Backrohr backen.

Stockfischkroketten
(bakaliaros kroketakia)

Eine Portion (4 Kroketten) hat 680 kcal.
Bratzeit 15 Minuten.

10 Portionen

1/2 kg Stockfischfilet
1/2 kg Kartoffelbrei
1 Eßlöffel Butter
1/2 Tasse Milch
1 Tasse geriebener Käse
3 Eier
 Semmelbrösel, Salz, Pfeffer, Öl

Das Stockfisch in kaltem Wasser 24 Stunden einweichen. Danach mit einer Gabel zerkleinern, in einen Topf geben und den Kartoffelbrei, Butter, Milch und Pfeffer zufügen. Die Mischung auf kleiner Flamme kurze Zeit gut durchrühren bis sie dick wird. Anschließend den Topf von der Flamme nehmen, ein Ei, ein Eigelb und den Käse zugeben. Die Mischung zugedeckt zwei bis drei Stunden im Kühlschrank stehen lassen.

Aus dem Teig Kroketten formen und in Mehl wenden.

Ein Ei und das Eiweiß von einem Ei mit einem Löffel Öl verquirlen. Die Kroketten darin eintauchen und anschließend in Semmelbrösel wenden. In heißem Öl braten. Heiß und mit Knoblauchcreme, Zitronen scheiben und Petersilie garniert servieren.

Veränderung: Dem Teig können auch Muskatnuß und feingehackte Petersilie zugefügt werden.

Fischrogenküchlein
(taramokeftedes)

Eine Portion (4 Küchlein) hat 320 kcal.
Bratzeit 10 Minuten.

10 Portionen

150 g Fischrogen
1 1/4 Tassen Wasser
1 1/4 Tassen Mehl
1 frische Zwiebel, klein gehackt
1 Bund Dill
 Öl

Fischrogen in Wasser auflösen und die übrigen Zutaten, zuletzt das Mehl, zufügen bis ein zäher Teig entsteht. Öl in einer Pfanne erhitzen. Den Teig bei schwacher Hitze mit dem Löffel in die Pfanne geben. Die Küchlein braten, bis sie knusprig sind.

Kartoffelküchlein mit Oregano
(riganokeftedes)

Eine Portion (4 Küchlein) hat 420 kcal.
Bratzeit 10 Minuten.

10 Portionen

1 Kilo Kartoffeln, 200 g Fischrogen
2 Eier, gequirlt
1 mittlere Zwiebel, feingehackt
1 gestrichener Eßlöffel Oregano
 Pfeffer, Mehl, Öl

Die Kartoffeln kochen, schälen und pürieren bevor sie kalt werden. Fischrogen, Eier, Zwiebel und Majoran zufügen und das Ganze gut durchrühren. Die Mischung einige Zeit im Kühlschrank stehenlassen. Kleine Küchlein formen, in Mehl wenden und in ausreichend heißem Öl braten, bis sie knusprig braun sind.

Pikante Zwiebelküchlein
(kremidokeftedes pikantiki)

Eine Portion (4 Küchlein) hat 280 kcal.
Bratzeit 10 Minuten.

10 Portionen

1/2 Kilo Zwiebeln
1/2 Kilo Mehl
1   Bund feingehackte Pfefferminze
1   Eßlöffel Salz
1   Teelöffel Pfeffer, Öl zum Braten

Die Zwiebeln schälen und die Hälfte grob schneiden, die andere Hälfte auf der Reibe raspeln. Mehl, Pfefferminze, Salz und Pfeffer zufügen. Durch Zugabe von lauwarmem Wasser einen zähen Teig herstellen. Das Öl erhitzen, die Mischung löffelweise in die Pfanne geben und braten, bis die Küchlein knusprig braun sind.

Zucchini-Küchlein
(kolokithokeftedes)

Eine Portion (4 Küchlein) hat 400 kcal.
Bratzeit 10 Minuten.

12 Portionen

1   Kilo Zucchini
200 g geriebener Schafskäse
1/2 Tasse geriebener Hartkäse
2   gekochte Kartoffeln
3   gequirlte Eier
     Semmelbrösel
     feingehackte Pfefferminze
     Pfeffer, Mehl, Öl zum Braten

Die Zucchini waschen und säubern. Auf einer Gemüsereibe kleinreiben und mit Mehl vermischen. Die Eine Stunde stehenlassen, auspressen, um die Flüssigkeit zu entfernen. Eier, Schafskäse, Hartkäse, Semmelbrösel und Kartoffeln daruntermischen und Pfefferminze, Pfeffer und einen Löffel Mehl dazugeben. Die Mischung kurze Zeit im Kühlschrank stehenlassen. Danach kleine Küchlein formen, in Mehl wenden und in heißem Öl braten.

Kartoffelküchlein
(patatokeftedes)

Eine Portion (4 Kartoffelküchlein) hat 360 kcal.
Bratzeit 10 Minuten.

8 Portionen

1   kg Kartoffeln
300 g geriebenen Hartkäse
4   Eier
     Salz, Pfeffer
     Öl zum Braten

Die Kartoffeln kochen, schälen und pürieren. Aus dem Püree, dem Käse und den Eiern einen Teig herstellen. Etwas Salz und Pfeffer hinzufügen.

Kleine Küchlein formen und in Mehl wenden. In heißem Öl auf beiden Seiten knusprig braun braten.

Käsepastetchen
(tiropitakia)

Eine Portion (5 Pastetchen) hat 320 kcal.
Backzeit 15 Minuten.

12 Portionen

250	g Schafskäse
1	Tasse geriebener Hartkäse
500	g Strudelteig
1	Tasse Butter
2	Eier
	Feingehackte Petersilie, Pfeffer

Den Schafskäse mit einer Gabel zerkleinern, den geriebenen Käse, die Petersilie, die geschlagenen Eier und den Peffer daruntermischen.

Strudelteig in Streifen von ungefähr 6 cm Länge schneiden, die zugedeckt werden, damit sie nicht austrocknen. Jeden Streifen einzeln mit flüssiger Butter bestreichen. Auf das Ende jedes Streifens ein kleines Häufchen der Füllung legen.

Die Pasteten dreieckig einschlagen wie die Zeichnung zeigt.

Backblech mit Butter einfetten und die Pastetchen bei mittlerer Hitze etwa 15 Minuten backen.

Veränderung: Die Pasteten wickeln ohne den Blätterteig vorher mit Butter zu bestreichen und in viel Öl backen. Mit einem Sieb herausnehmen und zum Abtropfen auf einen Teller mit Küchenvlies legen.

Pastetchen mit Hackfleischfüllung
(burekakia me kima)

Eine Portion (4 Pastetchen) hat 380 kcal.
Backzeit 20 Minuten.

12 Portionen

500	g Hackfleisch
500	g Strudelteig
1	Tasse Butter
1/2	Tasse geriebener Käse
1/2	Tasse Weißwein
1	Eßlöffel Butter
2	Eßlöffel Semmelbrösel
1	mittelgroße Zwiebel, gehackt
1	Ei, Salz, Pfeffer
	Petersilie, feingehackt

Die Zwiebel mit der Butter in einer Pfanne erhitzen bis sie gelb ist. Das Hackfleisch zugeben, beim Anbraten den Wein, Salz, Pfeffer und etwas Wasser hinzufügen. Anschließend das gequirlte Ei, Petersilie, den geriebenen Käse und die Semmelbrösel daruntermischen. Strudelteig in ziemlich breite Streifen (etwa 15 cm) schneiden und mit Butter bestreichen. Einen Löffel der Mischung jeweils auf das Ende eines Streifens legen. Die Seiten über der Mischung vorsichtig einschlagen und die Pasteten rund einrollen. Auf ein gebuttertes Backblech legen, mit Butter bestreichen und bei mittlerer Hitze 20 Minuten backen.

Bohnen in Tomatensoße
(gigantes plaki)

Eine Portion (180 g) hat 410 kcal.
Backzeit 45 Minuten.

6 Portionen

1/2	kg weiße, große Bohnen
3/4	Tasse Öl
1	mittelgroße Zwiebel
3	Knoblauchzehen
3	reife Tomaten (oder kleinere aus der Dose)
	feingehackte Petersilie, Salz, Pfeffer

Die Bohnen am Vorabend einweichen. Kochen bis sie weich sind und anschließend abtropfen lassen. Das Öl mit der kleinegeschnittenen Zwiebel und dem kleingehackten Knoblauch in einem Topf erhitzen. Die zerkleinerten Tomaten, Salz, Pfeffer und Petersilie zufügen. Die Soße kochen und anschließend über die Bohnen gießen, die man in eine Backpfanne gefüllt hat. Das Gericht wird im Backrohr eine 3/4 Stunde gebacken, bis die Bohnen bräunlich werden.

Veränderung: Für eine leichtbekömmlichere Zubereitung der Bohnen gibt man die Zutaten ohne vorheriges Kochen in die Backpfanne. Die Backzeit wird dadurch etwas länger.

Gebratene Zucchini
(kolokithakia tiganita)

Eine Portion (150 g) hat 270 kcal.
Bratzeit 10 Minuten.

8 Portionen

1	kg große Zucchini
1	Tasse Mehl
1	Tasse Wasser
1	Ei
1	Löffel Öl
	Salz
	Pfeffer
	Öl zum Braten

Die Zucchini waschen und in dünne Scheiben schneiden. Salzen und in einen Sieb legen, damit sie Flüssigkeit verlieren. Das Mehl mit Wasser und den übrigen Zutaten anrühren. Öl in einer der Pfanne erhitzen, bis es raucht. Die Zucchinischeiben einzeln in den Teig tauchen und auf beiden Seiten knusprig braun braten. Heiß servieren.

Für Zucchini ohne Panierung die Scheiben in Mehl wenden, nachdem sie genügend gesalzen wurden.

In gleicher Weise werden gebratene Auberginen zubereitet.

Gebratene Paprika
(piperies tiganites)

Eine Portion (3 Paprikaschoten) hat 130 kcal.
Bratzeit 12 Minuten.

1/2	kg schmale, längliche Paprikaschoten
	Öl zum Braten
	Etwas Essig, Salz

Paprikaschoten waschen und gut abtropfen lassen. Das Öl in einer Pfanne erhitzen, Paprikaschoten hineingeben, nachdem sie in Mehl gewendet wurden. Die Paprikaschoten umdrehen, sobald sie auf einer Seite angebraten sind. Vorsichtig aus der Pfanne nehmen, salzen und mit Essig würzen.

Veränderung: Auch große, grüne Paprikaschoten können gebraten werden. Vor dem Braten jedoch an mehreren Stellen mit einer Gabel einstechen.

Knoblauchcreme
(skordalia)

Eine Portion (130 g) hat 98 kcal.

4 Portionen

1/2	Tasse Öl
5-6	Zehen Knoblauch
5	Scheiben Brot, zerkrümelt
	Etwas Essig
	Salz

Knoblauch schälen und für etwa fünf Stunden in den Essig legen. Knoblauch zerquetschen und das vorher eingeweichte Brot zugeben. Zwei bis drei Löffel Essig und das Salz zufügen. Die Mischung unter allmählicher Zugabe des Öls gut durchrühren. Wenn die Creme zu dick erscheint, kann sie mit etwas Wasser verdünnt werden.

Die Knoblauchcreme mit Oliven und eingelegtem Gemüse garnieren und in einer flachen Schüssel servieren.

Veränderung: 1. Nach Wunsch eine halbe Tasse fein geriebener Walnüsse hinzufügen. 2. Das Brot kann durch 5 mittelgroße Kartoffeln ersetzt werden.

Die Knoblauchcreme die unverzechtbare Begleitung des gebackenen Stockfischs. Sie parst vorzüglich zu gebackenen Zucchini und Auberginen.

Auberginensalat
(melitzanosalata)

Eine Portion (130 g) hat 98 kcal.

6 Portionen

1	kg runde Auberginen
1	große Zitrone
1	Tasse Öl
1	kleine Zwiebel
1/2	Tasse feingehackte Petersilie
	Salz

Die Auberginen mit einer Gabel einstechen und im Herd 45 Minuten backen bis sie weich sind und die Haut geröstet ist. Anschließend Haut abziehen, Auberginen pürieren und mit dem Saft der Zitrone und etwas Salz verrühren. Der Masse die Zwiebel, Petersilie und danach das Öl zugeben. Zum Servieren mit Oliven, Tomatenstückchen und feingehackter Petersilie garnieren.

Veränderung: Statt Zitrone können auch 2-3 Eßlöffel Öl verwendet werden. Außerdem können zwei zerkleinerte Zehen Knoblauch zugefügt werden. Für einen anderen Auberginensalat zum gleichen Rezept 1/2 Tasse Mayonnaise und 1/2 Tasse Joghurt geben.

Das Tzatziki beleitet das Suvlaki und alle gebratenen oder gegrillten Fleischgerichte.

Joghurtsoße mit Gurke und Knoblauch
(tzatziki)

Eine Portion (130 g) hat 75 kcal.

6 Portionen

2	mittelgroße Gurken
1 ½	Tassen griechischen Joghurt oder Sahnequark und normales Joghurt
4-6	große Zehen Knoblauch
4	Eßlöffel Öl, Essig, Salz

Die Gurken auf einer Gemüsereibe fein raspeln oder mit einem Gemüseschneider in sehr kleine Stücke schneiden. Mit Salz bestreuen, ziehen lassen und dann ausdrücken. Den zerkleinerten oder gepreßten Knoblauch, Essig, Joghurt zugeben und alles gut durchrühren. Schließlich das Öl hinzufügen. Nach Belieben mit Paprika bestreuen und mit Oliven zu schmücken.

Veränderung: Je nach Geschmack mehr Knoblauch zugeben. Der Mischung können auch feingeriebene Mandeln oder Haselnüsse zugefügt werden.

Fischrogensalat
(taramosalata)

Eine Portion (130 g) hat 120 kcal.

3-4 Portionen

4	Scheiben Brot
100	g Fischrogen
1	sehr kleine Zwiebel
	Saft von zwei Zitronen

Das Brot einweichen, Rinde entfernen und zerkleinern. Fischrogen hinzufügen und die Mischung solange rühren, bis sie flüssig wird. Dann abwechselnd langsam das Öl und den Zitronensaft einrühren. Nach Belieben mit etwas Pfeffer würzen.

Den Fischrogensalat in einer kleinen Schüssel mit Oliven, Kapern und eingelegten Gemüsen dekorieren und servieren.

Veränderung: Anstelle von Brot 4-5 gekochte Kartoffeln von normaler Größe verwenden. Je nach Geschmack kann die Zwiebel durch zwei Knoblauchzehen ersetzt werden.

Der Fischrogensalat beherrscht in der Fastenzeit die Speisefolge und ist bei allen Vorspeisen zum Ouzo willkommen.

Gefüllte Kartoffeln
(patates jemistes)

Eine Portion (230 g) hat 350 kcal.
Backzeit 60 Minuten.

5 Portionen

10	*große, runde Kartoffeln*
1/2	*kg geriebener Käse*
1	*Zwiebel*
1/2	*Tasse Öl*
2	*Löffel Butter*
	Semmelbrösel
	Salz, Pfeffer

Kartoffeln schälen, gut waschen und das Innere aushöhlen. Darauf achten, daß die äußere Schicht dick genug ist und nicht platzt.

In einer Pfanne das Öl, die feingehackte Zwiebel und das Innere der Kartoffeln, das entfernt wurde, Käse, Petersilie, Salz und Pfeffer langsam braten. Mischung von der Flamme nehmen und die Kartoffeln damit füllen. Die Kartoffeln in eine Backpfanne legen, Butter zugeben und mit geriebenem Käse bestreuen. Mit soviel Wasser auffüllen, daß jede Kartoffel ungefähr halb bedeckt ist. Das Gericht bei mittlerer Hitze im Rohr backen bis die Kartoffeln weich sind und Farbe bekommen haben.

Veränderung: Für die Füllung kann (statt Käse und Kartoffeln) Hackfleisch verwendet und vier zerkleinerte, reife Tomaten zugegeben werden.

Gefüllte Weinblätter
(dolmadakia jalantzi)

Eine Portion (5 gefüllte Weinblätter) hat 170 kcal.
Kochzeit 40-50 Minuten.

10 Portionen

50-60	*Weinblätter*
1	*Tasse Öl*
1 ½	*Tassen feingehackte Zwiebeln*
1	*Tasse feingehackte Schalotten*
1/2	*Tasse feingeschnittener Dill*
1	*Tasse Reis, Salz, Pfeffer*
1-2	*Zitronen*

Die Blätter mit heißem Wasser überbrühen, abtropfen und abkühlen lassen. Die Zutaten (außer dem Zitronensaft) gut vermischen und in kleinen Portionen auf die Weinblätte. legen, die man in länglicher Form einrollt. Einige Weinblätter auf den Boden des Topfes legen und die gefüllten Weinblätter kreisförmig in Lagen dicht nebeneinander in den Topf legen. Auf die gefüllten Weinblätter einen umgedrehten schweren Teller legen, damit die gefüllten Weinblätter zusammengepreßt werden und beim Kochen nicht aufgehen. Anschließend den Zitronensaft zugeben und soviel Wasser, daß das Gericht bedeckt ist. Die gefüllten Weinblätter auf schwacher Flamme kochen bis das Wasser aufgesogen ist. Sie sind fertig, wenn der Reis weich gekocht ist. Die gefüllten Weinblätter abkühlen lassen und in einer flachen Schüssel nebeneinander gelegt servieren.

Gebratener Käse mit Ei
(saganaki me tiri ke avga)

Eine Portion hat 590 kcal.
Bratzeit 6-8 Minuten.

1 Portion

1	Eßlöffel Butter
100	g salziger Hartkäse
2	Eier
	etwas Mehl
	Salz, Pfeffer

In einer kleinen Pfanne die Butter erhitzen. Den Käse in dicke Scheiben schneiden, in Mehl wenden und auf kleiner Flamme in der Pfanne braten. Den Käse umwenden, sobald er Farbe bekommt. Die beiden Eier als Spiegeleier darübergeben. Mit Salz und Pfeffer würzen und bei schwacher Flamme braten bis das Spiegelei das gewünschte Aussehen erreicht hat.

Veränderung: Nach Wunsch können Bratwurst oder ein anderer Käse zugegeben werden.

Rührei mit Tomaten
(avga me tomata)

Eine Portion hat 280 kcal.
Bratzeit 10 Minuten.

3 Portionen

6	Eier
2	Tomaten
1/2	Tasse Öl
	Salz, Pfeffer

Die Tomaten waschen, schälen und kleinschneiden. In einer Pfanne das Öl erhitzen, die Tomaten zugeben. Mit Salz und Pfeffer würzen und die Soße kurze Zeit (etwa 5 Minuten) kochen. Danach die Eier sehr gut verquirlen und in die Pfanne geben. Auf kleiner Flamme das Omelett dicht werden lassen. Mit einer Gabel an mehreren Stellen durchstechen, damit es besser gebraten wird. Dann umwenden.

Veränderung: Es können Kartoffeln zugegeben werden, die vorher angebraten wurden. Man gibt sie kurz nach den Eiern in die Pfanne.

Salate

Ein guter Salat bereichert jedes Gericht
und rundet es ab. Die Natur hält eine
grosse Vielfalt verschiedenster Arten von
erntefrischen Gemüsen bereit, die sich zu
erfrischenden Salaten verarbeiten lassen.
Lassen Sie sich bei einem
Bummel durch einen Wochenmarkt
inspirieren: sonnig-knackige
Paprikaschoten oder strahlend-rote
Radieschen sind durch ihre Frische nicht
nur ein erfreulicher und appetitanregender
Anblick, sondern für den menschlichen
Organismus eine wichtige Quelle von
Vitaminen. Neben den zahlreichen
Kombinationsmöglichkeiten aus rohem
Gemüse lassen sich allerlei verlockende
Salate ebenso aus gekochten Gemüsen
herstellen. Der Reichtum, der auf
griechischen Feldern wächst, reicht von
A wie Auberginen über Blumenkohl,

Salates

roten Rüben und Wildgemüsen bis hin zu
Z wie Zucchini, um nur einige zu nennen.
Damit in den gekochten Gemüsen
möglichst alle Vitamine erhalten bleiben,
sollte man darauf achten, das Gemüse
nicht in zu viel Wasser zu kochen und
nur mit Zurückhaltung zu salzen.
Der Gebrauch von Soda, das die
lebenswichtigen Vitamine im Gemüse
zerstört, jedoch ihre Farbe konserviert,
sollte gänzlich vermieden werden. Statt
dessen kochen Sie das Gemüse ihrer Wahl
lieber etwas länger. Als unverzichtbarer
Beitrag zu gesunder und kalorienbewusster
Ernährung sind die folgenden Rezepte für
verschiedene Salate nicht nur als Beilage
zu einer Mahlzeit zu verstehen, sondern
vielmehr als Anregung, die vielen
gesunden Naturprodukte neu zu
entdecken und zu geniessen!

Laufbohnensalat
(ambelofasoula salata)

Eine Portion (250 g) hat 320 kcal.
Kochzeit 20 Minuten.

4 Portionen

1   kg Laufbohnen
1/2   Tasse Essig und Öl
     Salz, Pfeffer

Die Laufbohnen 20 Minuten in Salzwasser kochen. Mit Essig und Öl anrichten und mit Pfeffer bestreuen.

Veränderung: 1. Nach Belieben können zu Essig und Öl 3 Zehen zerkleinerter Knoblauch zugegeben werden.
2. Die Bohnen können mit Knoblauchcreme serviert werden.

Salat aus roten Rüben
(patzaria salata)

Eine Portion (200 g) hat 200 kcal.
Kochzeit 50 Minuten.

4 Portionen

1   kg rote Rüben
     Salz
     Öl, Essig

Die roten Rüben reinigen und gut waschen. Blätter und Wurzeln entfernen. Die Rüben zuerst 20 Minuten alleine kochen, dann die Blätter zugeben und ungefähr eine weitere halbe Stunde kochen. Abtropfen lassen, die Rüben schälen und in Scheiben schneiden solange sie warm sind. Mit Essig und Öl anrichten oder nach Belieben mit Knoblauchcreme servieren.

Kartoffelsalat
(patatosalata)

Eine Portion hat 200 kcal.

5-6 Portionen

1	kg Kartoffeln
1/2	Tasse Öl
1	große Zwiebel
1	große Zitrone
1	Bund Petersilie
	Salz, Pfeffer

Die Kartoffeln gut waschen und mit der Schale etwa 15-20 Minuten kochen. Noch warm schälen und in runde Scheiben schneiden. In einer Salatschüssel mit Salz, Pfeffer und Zitronensaft würzen. Die Zwiebel kleinschneiden und zugeben, ebenso die Petersilie. Anschließend den Salat mit Öl übergießen und gut vermischen.

Veränderung: Der Zitronensaft kann durch Essig ersetzt werden.

Landsalat
(agrotiki salata)

Eine Portion (150 g) hat 270 kcal.

6 Portionen

3	reife Tomaten
1	Salatgurke
2	frische Zwiebeln
2	hartgekochte Eier
	feingeschnittene Sellerie
1	Zehe Knoblauch, zerkleinert
	Essig, Öl, Petersilie, Zitrone
200	g weißer Bauernkäse
	Salz

Tomaten und Gurke in Würfel, die Zwiebeln in Scheiben schneiden. 6 Eßlöffel Essig und Öl mit dem Saft einer halben Zitrone, dem zerkleinerten Knoblauch, der Sellerie, der Petersilie und den zerkleinerten Eiern mischen. Die Mischung über den Salat geben, darüber den in Scheiben geschnittenen Käse legen.

Grüner Salat
(marulosalata)

Eine Portion (180 g) hat 125 kcal.

3-4 Portionen

1	großer Kopfsalat
4	kleine frische Zwiebeln
1	Bund Dill, Salz, Essig, Öl

Den Strunk und die äußeren Blätter entfernen, den Salat sehr sorgfältig waschen und nach Belieben in feine Streifen schneiden. Die Zwiebeln in dünne Scheiben schneiden, den Dill kleinschneiden. Den Salat salzen, mit Essig oder Zitronensaft und Öl übergießen und alle Zutaten gut vermischen.

Blumenkohlsalat
(kunupidi salata)

Eine Portion (300 g) hat 160 kcal.
Kochzeit 25 Minuten.

5-6 Portionen

1 Blumenkohl (ca. 2 kg)
1/2 Tasse Öl
2-3 Zitronen
Salz

Die harten Blätter entfernen und den Blumenkohl gut waschen. In einem Topf Salzwasser zum Kochen bringen und den Blumenkohl hineingegeben. Etwa 25 Minuten kochen, abtropfen lassen und noch warm mit Essig und Öl anrichten.

Gekochte Zucchini
(kolokithakia vrasta)

Eine Portion (200 g) hat 26 kcal.
Kochzeit 15 Minuten.

5 Portionen

1 kg mittelgroße Zucchini
Salz, Öl, Essig

Die Zucchini reinigen und in kochendes Salzwasser geben. 15 Minuten kochen, abtropfen lassen und in Scheiben geschnitten mit Essig und Öl servieren.

Gurkensalat mit Joghurt
(anguri me jaurti salata)

Eine Portion (130 g) hat 84 kcal.

6 Portionen

2 Salatgurken
1 feingeschnittene Zwiebel
1 Tasse Joghurt
2 Eßlöffel Öl
1 Eßlöffel Essig
feingeschnittene Minze
Salz, Pfeffer

Bohnensalat
(fasolia salata)

Eine Portion hat 405 kcal.

6-8 Portionen

1/2 kg Bohnen
2 große Zwiebeln
1 Bund Petersilie
1/2 Tasse Essig
Salz, Pfeffer

Die Bohnen weichkochen und abtropfen lassen. Die Zwiebel in dünne Scheiben schneiden, die Petersilie kleinhacken. Alles in eine große Salatschüssel geben, mit Salz und Pfeffer würzen und unter Zugabe von Essig und Öl gut vermischen.

Wildgemüse
(chorta tu vunu)

Eine Portion (150 g mit etwas Öl) hat 140 kcal.
Kochzeit 30 Minuten.

4-5 Portionen

1 kg Löwenzahnblätter oder anderes
Wildgemüse
Salz
Öl und Zitrone

Die Löwenzahnblätter sorgfältig putzen und mit viel Wasser waschen, bis sie völlig sauber sind. In reichlich kochendes Wasser geben, damit sie grün werden. Der Topf soll nicht bedeckt sein. Etwa 30 Minuten kochen und mit Öl und Zitrone angemacht servieren.

Die Gurken in kleine Würfel schneiden und in eine Salatschüssel legen. Zwiebeln, Salz, Pfeffer und Minze zugeben und gut mit den Gurken vermischen. Joghurt mit Öl, Essig und etwas Salz verrühren und über den Salat in die Schüssel geben. Den Salat mit frischer Minze garnieren.

Weißkohlsalat
(lachanosalata)

Eine Portion (150 g) hat 50 kcal.

8-10 Portionen

*1   fester Kohlkopf mit kleinem Strunk
        Öl und Essig oder Zitrone
        Salz*

Mit einem scharfen Messer oder Gemüsehobel den Kohl sehr fein schneiden. Salzen und kurze Zeit stehen lassen bis er glasig wird.

In einer tiefen Salatschüssel mit Essig und Öl anrichten.

Frischer Salat in drei Farben
(freskia salata tria chromata)

Benötigt werden Kohlsalat, sehr feingeschnitten

1   kleiner Kopf Rotkohl, ebenfalls sehr feingeschnitten

3   große Karotten, gerieben und mit Zitrone gewürzt

Die verschiedenen Zutaten in eine Salatschüssel geben und mit Öl und Zitrone oder Essig und Öl anrichten.

Zur Garnierung können kleine Radieschen verwendet werden.

Bauernsalat
(choriatiki salata)

Eine Portion (150 g) hat 260 kcal.

6 Portionen

3	*feste, rote Tomaten*
1	*Salatgurke*
1	*Zwiebel*
2	*grüne Paprikaschoten*
1	*Tasse schwarze Oliven*
180	*g Schafskäse*
1/2	*Tasse Öl*
1/4	*Tasse Essig*
	Oregano, Salz, Pfeffer

Tomaten, Gurke und Zwiebel in Scheiben, die Paprikaschoten in Streifen schneiden. In einer Salatschüssel mit Salz und Oregano bestreuen. Oliven und den Schafskäse in großen Stücken zugeben. Den Salat mit Essig und Öl abschmecken.

Garnelensalat

s. Kap. Vorspeisen S.10

Heringssalat

s. Kap. Vorspeisen S.11

Auberginensalat

s. Kap. Vorspeisen S.20

Fischrogensalat

s. Kap. Vorspeisen . . . . S. 21

Pasteten

Zu jeder Tageszeit läßt sich ein
Stück "Pita" genießen, eine der vielen
Pasteten aus hauchdünnem
Strudelteig mit zahllosen leckeren
Füllungen. Doch sind diese köstlichen
Pasteten mit ihren reichen Zutaten
eigentlich eine komplette Mahlzeit
und nur die Fertiggerichte, die seit
einigen Jahren überall in den
griechischen Großstädten zu kaufen
sind, haben wohl dazu geführt, daß
der Geschmack der hausgemachten
Pasteten in Vergessenheit geriet. Und
dabei ist es gar nicht so schwierig,
den Strudelteig selbst herzustellen.

In diesem Kapitel über Pasteten
finden Sie einfache Rezepte für einen
hausgemachten Teig. Das eine oder
andere wird Ihnen sicher zusagen.
Wer sich jedoch nicht auf die
Herstellung eines eigenen Teiges
einlassen will, kann unter den fertigen
Blätter- und Strudelteigen wählen.
Mit den Zutaten, die Ihnen zusagen
können sie mit dem Rezept Ihrer
Wahl Ihre Pastete herstellen.

Für die folgenden Rezepte
benötigen Sie eine mittelgroße,
rechteckige oder runde Backpfanne.
Wenn Sie ein großes, rechteckiges
Backblech verwenden, wie das Ihres
elektrischen Herdes, brauchen Sie die
doppelte Menge an Zutaten.

Viel Erfolg!

Strudelteig I
(simi ja fillo pitas I)

5   Tassen Mehl
5   Suppenlöffel Öl
2 ½   Tassen Wasser
       Etwas Mehl
2   Löffel Essig

Etwas Mehl zurückbehalten, um die Fläche zu bestreuen, auf der der Teig ausgerollt wird. Dem übrigen Mehl das Öl und das Salz zufügen, Essig und Wasser unter Rühren zugeben. Den Teig gut durchkneten und eine Kugel formen. Etwa eine Stunde an einem kühlen Ort stehenlassen.

Auf einer mit Mehl bestreuten Fläche den Teig beliebig dünn ausrollen. Dieser Teig kann für alle Strudelteiggerichte verwendet werden.

Strudelteig II
(simi ja fillo pitas II)

1/2   kg Mehl
4   Suppenlöffel Öl
1   gestrichener Teelöffel Salz
1   Tasse Wasser

Etwas Mehl für das Ausrollen des Teigs zurückbehalten. Das übrige Mehl mit dem Öl und dem Salz vermischen. Wasser zugeben und den Teig auf einer mit Mehl bestreuten Fläche durchkneten. Anschließend Teig für 20-30 Minuten im Warmen stehen lassen. Danach entsprechend der gewünschten Anzahl und Dicke in 6 bis 8 Kugeln teilen.

Blätterteig
(simi sfoliata)

500   g hartes Mehl
400   g ungesalzene Butter
1   Tasse Wasser
1   Teelöffel Salz
       Saft einer Zitrone

Etwas Mehl für das Ausrollen des Teiges zurückbehalten, das übrige Mehl in eine kleine Schüssel geben. In der Mitte eine Mulde formen, in die man das Salz, den Zitronensaft und das Wasser gibt. Den Teig gut durchrühren. Anschließend den Teig auf einer glatten Fläche gut durchkneten, die mit mit Wasser befeuchtet oder mit Mehl bestreut wurde. Darauf achten, daß der Teig elastisch wird und nicht an den Händen klebt. Mit Mehl bestreuen, bedecken und eine halbe Stunde im Kühlschrank stehenlassen. Die Butter rechteckig formen und mit Mehl bestreuen. Den Teig in länglicher Form dick ausrollen. Auf die eine Hälfte des ausgerollten Teiges die Butter legen und mit der anderen Hälfte zudecken.

Den Teig auf eine mit Mehl bestreute Fläche legen und mit Mehl bestreuen. In der Form eines Parallelogrammes ausrollen. Dreifach zusammenfalten und in der gleichen Weise wie vorher ausrollen. Diesen Vorgang noch viermal wiederholen. Vor jedem Ausrollen sollte der mit Mehl bestreute Teig etwa eine halbe Stunde im Kühlschrank stehen.

Schließlich Teig in größerer Form ausrollen, mit Mehl bestreuen und viermal zusammenfalten, womit er fertig ist.

Käsepastete I
(tiropita I)

Eine Portion (1 großes Stück) hat 360 kcal.
Backzeit 45-55 Minuten.

Zutaten für eine mittelgroße Backpfanne

500	g zerkleinerter Schafskäse
1	Tasse geriebener Hartkäse
1	Tasse Milch
5	verquirlte Eier
1	Tasse zerlassene Butter
500	g fertiger oder hausgemachter Strudelteig
	Feingehackte Petersilie
	Pfeffer

Eine rechteckige Backpfanne mit Butter bestreichen, die meisten Blätter hineinlegen und jeweils mit Butter bestreichen. Aus dem Käse, der Milch und den Eiern einen Teig herstellen, Petersilie und Pfeffer zugeben. Die Mischung in die Pfanne füllen und gleichmäßig verteilen. Die restlichen Blätter darüber legen und jeweils mit Butter bestreichen. Das letzte Blatt von oben ebenfalls sehr gut mit Butter bestreichen und in breite Streifen schneiden. Die Pastete im Rohr bei mittlerer Hitze etwa 45-55 Minuten backen.

Käsepastete II
(tiropita II)

Eine Portion (1 großes Stück) hat 390 kcal.
Backzeit 50-60 Minuten.

Zutaten für eine mittelgroße Backpfanne

300	g zerkleinerter Schafskäse
200	g geriebener, salziger Hartkäse (Graviera)
3	geschlagene Eier
1	Tasse Butter, etwas Milch
3	verquirlte Eier
1	Portion weiße Bechamelsoße
	Fertiger oder hausgemachter Blätterteig

Eine mittelgroße, runde Backfom mit Butter bestreichen. Ein Blatt fertigen Teig oder drei Blätter des selbstgemachten Teigs in die Form legen und jedes mit Butter bestreichen. Bechamelsoße zubereiten und mit dem Käse und den Eiern vermischen. Die Mischung gleichmäßig in der Form verteilen und mit einem Blatt Blätterteig oder zwei Blättern Strudelteig bedecken. Die Pastete mit etwas Milch bestreichen und im Backrohr bei mittlerer Hitze etwa 50-60 Minuten backen.

Spinatpastete
(spanakopita)

Eine Portion (1 großes Stück) hat 300 kcal.
Backzeit 50-60 Minuten.

Zutaten für eine mittelgroße Backpfanne

1	kg Spinat
500	g fertiger oder hausgemachter Strudelteig
300	g frische Zwiebeln (Schalotten)
1	Bund Dill
1 ½	Tassen Öl
	Salz, Pfeffer, geriebene Muskatnuß

Den Spinat gut waschen, Wurzeln und harte Stengel, welke und gelbe Blätter entfernen. Spinat in kleine Stücke schneiden, einsalzen, mit der Hand durchmischen und auspressen, damit er Flüssigkeit verliert. Die Spinatmasse gut abtropfen lassen. Die Zwiebeln waschen und kleinschneiden, Dill waschen und schneiden. Die Zutaten mit dem Spinat vermischen, Muskatnuß, Pfeffer und die halbe Menge Öl zugeben. Die Backpfanne mit Öl bestreichen und mit d§h myisten Blättern belegen, $i' ebƠnfalls mit Öl bestrichen werden. Die Mischung gleichmäßig in der Fom verteilen und mit den restlichen Blättern bedecken, die auch mit Öl bestrichen wurden. Das oberste Blatt einschneiden und die Spinatpastete im Backrohr bei mittlerer Hitze 50-60 Minuten backen.

Spinat-Käsepastete
(spanakotiropita)

Eine Portion (1 großes Stück) hat 440 kcal.
Backzeit 60 Minuten.

Zutaten für eine mittelgroße Backpfanne

1	kg Spinat
300	g Schafskäse
500	g fertiger oder hausgemachter Strudelteig
300	g frische Zwiebeln (Schalotten)
1	Bund Dill
1 ½	Tassen Öl
1/2	Tasse Kondensmilch
2	verquirlte Eier
	Salz, Pfeffer, Muskatnuß

Den Spinat gut waschen, Wurzeln und harte Stengel, welke und gelbe Blätter entfernen. Den Bpinat in kleine Stücke schneiden und salzen. Mit der Hand durchmischen und auspressen, damit er Flüssigkeit verliert. Die Spinatmasse gut abtropfen lassen. Die Zwiebeln und den feingeschnittenen Dill zugeben, sowie den zerkleinerten Käse, die Milch, die Eier, Pfeffer, Muskat und die halbe Menge Öl. Die Masse gut durchrühren.

Die Backpfanne mit Öl bestreichen und die Blätter des Teigs, die jeweils mit Öl bestrichen wurden, einzeln hineinlegen. Wenn fast alle Blätter verwendet sind, Füllung gleichmäßig verteilen und mit den übrigen Blättern bedecken, die gut mit Öl bestrichen wurden. Die Pastete wird im Backrohr bei mittlerer Hitze etwa eine Stunde gebacken.

Wildgemüsepastete
(chortopita)

Eine Portion (1 großes Stück) ohne Käse 300 hat kcal, mit Käse 400 kcal.
Backzeit 50-60 Minuten.

Zutaten für eine mittelgroße Backpfanne

1 ½	kg sehr saftiges Wildgemüse
200	g frische Zwiebeln
1	Suppenlöffel Zucker
1 ½	Tassen Öl
1	Tasse Schafskäse (nach Belieben)
	Dill, Petersilie
	Hausgemachter Strudel- oder Blätterteig

Das Wildgemüse reinigen, waschen und in kleine Stücke schneiden. Salzen und mit der Hand gut durchmischen. Kräftig auspressen, damit es Flüssigkeit verliert. Den Zucker, eine Tasse Öl, Dill, Petersilie und den Käse (nach Belieben) zugeben. Eine Backpfanne mit Öl einfetten und mit dem Teig belegen, der ebenfalls mit Öl bestrichen wurde. Einige Blätter zurückbehalten, die Mischung gleichmäßig verteilen. Mit den restlichen Blättern bedecken und die Wildgemüsepastete im Backrohr bei mittlerer Hitze 50-60 Minuten backen.

Zucchinipastete
(kolokithopita)

Eine Portion (1 großes Stück) hat 360 kcal.
Backzeit 45-55 Minuten.

Zutaten für eine mittelgroße Backpfanne

1	kg Zucchini
500	g fertiger oder hausgemachter Strudelteig
5	mittelgroße Zwiebeln
1/2	Tasse Margarine
1	Tasse Öl
2 ½	Tassen geriebener Käse (Graviera)
4	Eier,
	Petersilie
	Salz, Pfeffer

Die Zucchini säubern, waschen und in Stücke schneiden. Zucchini in Salzwasser kochen und gut abtropfen lassen. Zwiebeln auf einer Gemüsereibe raspeln, mit den Zucchini in eine Pfanne geben und erhitzen bis sie die Flüssigkeit aufgesogen haben. Die Margarine zugeben und kurze Zeit verrühren. Dann Petersilie, Salz, Pfeffer, Käse und die verquirlten Eier daruntermischen.

Eine Backpfanne mit Öl bestreichen und mit der Hälfte des Strudelteigs belegen, dessen Blätter gut mit Öl bestrichen sind. Die Mischung gleichmäßig verteilen und mit den restlichen Teigblättern bedecken. Das oberste Blatt in Streifen schneiden und die Zucchinipastete im Backrohr bei mittlerer Hitze 45-55 Minuten backen.

Fleischpastete
(kreatopita)

Eine Portion (1 großes Stück) hat 380 kcal.
Backzeit 50-60 Minuten.

Zutaten für eine mittelgroße Backpfanne

500	g Hackfleisch
500	g fertiger oder selbstgemachter Strudelteig
4	Zwiebeln
1 1/2	Tassen Butter
1/2	Tasse Semmelbrösel
3	geschlagene Eier
2	hartgekochte Eier
1/2	Tasse trockener Weißwein
	Salz, Pfeffer

Die Zwiebeln schälen, waschen und in kleine Stücke schneiden. Die Hälfte der Butter mit den Zwiebeln in einer Pfanne erhitzen, bis sie glasig sind. Das Hackfleisch zugeben und gut umrühren bis es sein2n Saft aufgesogen hat. Noch etwas auf der Flamme lassen und den Wein zugeben. Salz, Pfeffer und etwas Wasser zufügen und das Hackfleisch auf schwacher Flamme für 15-20 Minuten kochen. Anschließend von der Flamme nehmen und abkühlen lassen. Die hartgekochten Eier in kleine Stücke schneiden und mit dem Hackfleisch, den Semmelbröseln und den verquirlten Eier vermischen. Die Backpfanne buttern, die meisten Blätter darin ausbreiten, die einzeln mit Butter bestrichen wurden. Die Hackfleischmischung gleichmäßig verteilen und mit den restlichen Blättern bedecken. Im Backrohr die Hackfleischpastete 50-60 Minuten bei mittlerer Hitze backen.

Veränderung:

600	g Hammelfleisch gut gekocht und zerkleinert
1 1/2	Tassen weißen Weichkäse (Mizithra, Anthotiro)
1	Tasse Milch
3-4	frische Zwiebeln, kleingeschnitten
1	Eigelb, Minze, Salz, Pfeffer

Die Zutaten vermischen und die Masse statt der Hackfleischmischung mit der gleichen Menge Teig verwenden.

Hühnerpastete
(kotopita)

Eine Portion (1 großes Stück) hat 350 kcal.
Backzeit 45-55 Minuten.

Zutaten für eine mittelgroße Backpfanne

1	Huhn (etwa 1 kg.)
500	g fertiger oder hausgemachter Strudelteig
1	Tasse Butter
1	mittelgroße Zwiebel
1	Tasse geriebener Hartkäse
2	verquirlte Eier
	feingehackte Petersilie
	Salz
	Pfeffer

Das Huhn reinigen, waschen und mit der Zwiebel in Salzwasser kochen. Sehr weich kochen und darauf achten, daß nur eine Tasse Brühe zurückbleibt. Ist das Huhn abgekühlt, Haut und Knochen entfernen und das Fleisch in kleine Stücke schneiden. Erst den geriebenen Käse, dann die Brühe und die zerkleinerte Zwiebel zugeben.

Die Backpfanne buttern und mit den meisten Teigblättern belegen, die gut mit Butter bestrichen wurden. Die Mischung gleichmäßig in der Backpfanne verteilen und einige Butterstückchen dazu geben. Die restlichen Teigblätter darüber legen, die mit Butter bestrichen wurden. Die Hühnerpastete im Backrohr bei mittlerer Hitze 45-55 Minuten backen.

Käsepastetchen

Zwiebelpastete

Suppen

Ein Teller Suppe enthält nicht nur viele Nährstoffe, die sonst selten in einem einzigen Gericht zu finden sind, sondern es gibt auch Augenblicke, in denen nichts Besseres angeboten werden kann als ein Teller Suppe.

In Griechenland sind Suppen weniger eine Vorspeise, sondern eine vollständige Mahlzeit, von der schmackhaften Ostersuppe (Majiritsa), die eine sehr reichhaltige Mahlzeit darstellt, bis zu der traditionellen Bohnensuppe, die sättigt und gut schmeckt.

Zwar gelten Suppen als winterliche Gerichte, da sie heiß serviert werden, doch gibt es auch im Sommer nicht wenige Momente, in denen man sich über eine Suppe freut. Die Gemüsesuppe und die Tomatensuppe gelten als sommerliche Gerichte nicht nur, weil sie den Magen nicht belasten, sondern auch weil im Sommer die Zutaten in Fülle vorhanden sind.

Wir stellen Ihnen eine Reihe typischer griechischer Suppen vor, die schmackhaft sind und zum Probieren einladen. Die Wahl treffen Sie, die passende Jahreszeit ist jetzt!

Fischsuppe
(psarosupa)

Eine Portion hat 450 kcal.
Kochzeit 30-40 Minuten.

6 Portionen

1	*zum Kochen geeigneter Fisch (Barsch, Seehecht, Schellfisch oder Heilbutt)*
8	*mittelgroße Kartoffeln*
4	*kleine Zwiebeln*
3-4	*kleine Karotten*
1	*Bund Sellerie*
2	*mittelgroße, reife Tomaten*
1	*Tasse Öl*
2-3	*Eier*
2	*Zitronen*
1	*Tasse Reis*
	Salz

Einen Fisch von etwa 1 kg von den Schuppen, den Kiemen und den Innereien säubern und sorgfältig waschen. Salzen und einige Zeit stehen lassen. Die Kartoffeln, die Karotten und die Zwiebeln schälen und ganz in einen Topf geben, der mit Wasser gefüllt wird, daß das Gemüse bedeckt ist. Die Sellerie zusammenbinden, daß sie sich nicht auflösen kann, die Tomaten vierteln und mit dem Öl und dem Salz in den Topf geben. Kurz bevor das Gemüse kocht, die Flüssigkeit mit Wasser auffüllen und den Fisch zugeben. Etwa 20 Minuten kochen und aus dem Sud nehmen. Das Gemüse herausnehmen und abtropfen lassen. Den Fisch auf eine Platte legen und mit dem Gemüse garnieren. Den Sud abseihen, erneut aufkochen und mit Wasser ergänzen. Dann den Reis zugeben. Je nach Geschmack noch etwas salzen. Wenn der Reis kocht, den Topf von der Flamme nehmen und die Ei-Zitronen-Soße vorbereiten. Die Eier gut verquirlen und den Zitronensaft allmählich zugeben. Mit einem Suppenlöffel etwas Sud nehmen und unter ständigem Rühren behutsam der Ei-Zitronen-Soße zufügen.

Diesen Vorgang mehrmals wiederholen und schließlich die Soße unter ständigem Umrühren in die Suppe geben.

Griechische Bouillabaisse
(kakavia)

Eine Portion hat 470 kcal.
Kochzeit 20-30 Minuten.

8 Portionen

1	*kg verschiedene Fische (auch kleinere)*
1	*Tasse verschiedener Meeresfrüchte (Miesmuscheln, Krabben)*
2	*Karotten, 2 reife Tomaten*
1	*Büschel Sellerie, feingeschnitten*
1	*Zwiebel*
1/2	*Tasse Öl*
	Zitronensaft, Salz, Pfeffer

Die Fische säubern und gut waschen. Zwiebeln, Tomaten und Karotten in Scheiben schneiden. Das Gemüse und die Fische in einem Topf mit dem Öl anbraten. Danach soviel Wasser auffüllen, daß alle Zutaten bedeckt sind. Auf kleiner Flamme das Gericht etwa eine Stunde kochen. Den Sud abseihen und die Fische und das Gemüse durch einen Sieb passieren. Sehr harte Stücke entfernen. Die Masse wieder in den Sud geben und die Meeresfrüchte zufügen. Alles zusammen weitere 20-30 Minuten kochen, mit Salz und Pfeffer würzen. Das Gericht mit Zitronensaft servieren.

Linsensuppe
(faki supa)

Eine Portion hat 430 kcal.
Kochzeit 20-30 Minuten.

4-6 Portionen

1/2	kg Linsen
1	mittelgroße Zwiebel
8	Zehen Knoblauch
1	Tasse Öl
4-5	Suppenlöffel Essig
1	Tasse Tomatensaft
5	Lorbeerblätter, Salz, Pfeffer

Die Linsen (wegen des Schmutzes) gut verlesen und waschen. Mit Wasser in einen Topf geben und im geschlossenen Topf 5 Minuten kochen. Danach die Flüssigkeit abgießen. Die Linsen zusammen mit der Zwiebel, dem Öl, dem Tomatensaft und dem Knoblauch wieder in den Topf geben. Lorbeerblätter und Essig zufügen, mit Salz und Pfeffer würzen. Je nach gewünschter Dicke, mit Wasser auffüllen und kochen bis die Linsen weich sind.

Tomatensuppe mit Teigwareneinlage
(tomatosupa me simariko)

Eine Portion hat 240 kcal.
Kochzeit 30 Minuten.

4 Portionen

4	reife Tomaten
1/2	Tasse Öl oder 2 Eßlöffel Butter
1/2	oder 1 Tasse Suppennudeln, Salz

Die Tomaten waschen und schälen. Die Kerne entfernen, die Tomaten in kleine Stücke schneiden. Mit dem Öl oder der Butter in einen Topf mit ausreichend Wasser geben. Die Suppe salzen und etwa 20 Minuten kochen. Anschließend die Nudeln zugeben und das Gericht weitere 10 Minuten auf kleiner Flamme kochen.

Gemüsesuppe
(chortosupa)

Eine Portion hat 178 kcal.
Kochzeit 20 Minuten.

4-6 Portionen

3	mittelgroße Kartoffeln
1	Zwiebel
3	mittelgroße Karotten
1	Bund Sellerie, kleingeschnitten
2	reife Tomaten
2	kleine Zucchini
1/2	Tasse Öl
	Salz
	Pfeffer

Kartoffeln, Karotten und Zucchini schälen und in sehr kleine Stücke schneiden. Die Zwiebel in kleine Stücke schneiden. Die Tomaten schälen und die Körner entfernen. Alle Zutaten in einen Topf geben, der mit soviel Wasser gefüllt wird, daß alles bedeckt ist. Öl, Salz und Pfeffer zugeben und die Suppe 20 Minuten kochen.

Je nach Geschmack beim Servieren mit Zitronensaft abschmecken.

Kichererbsensuppe
(revithia supa)

Eine Portion hat 425 kcal.
Kochzeit 40-50 Minuten.

4-6 Portionen

1/2	kg Kichererbsen
1	große Zwiebel, feingeschnitten
1	Tasse Öl
1	Suppenlöffel Soda
	Salz, Pfeffer

Die Kichererbsen am Vortag einweichen. Abtropfen lassen, in eine Schüssel geben und mit Soda vermischen. Etwa eine Stunde stehenlassen, anschließend unter fließendem Wasser sorgfältig waschen, um die Soda zu entfernen. Mit ausreichend Wasser in einen Topf geben. Wenn das Gericht kocht, den Schaum mit einem Scaumlöffel entfernen. Die Zwiebel, Öl, Salz und Pfeffer zufügen und die Kicherbsen kochen bis sie weich sind.

Bohnensuppe
(fasolada)

Eine Portion hat 470 kcal.
Kochzeit 60 Minuten.

6 Portionen

1/2	kg mittelgroße, getrockete Bohnen
4	mittelgroße Karotten
1	Bund Sellerie
2	Zwiebeln, in dünne Scheiben geschnitten
1 ½	Tassen Tomatensaft
1 ½	Tassen Öl, Salz, Pfeffer

Die Bohnen am Vortag einweichen. 5 Minuten kochen, das Wasser abgießen. Dann in den Topf soviel frisches Wasser geben, daß alle Zutaten, die jetzt zugegeben werden, bedeckt sind: Bohnen, Karotten, die in dünne Scheiben geschnitten wurden, die feingeschnittene Sellerie und die Zwiebeln. Den Tomatensaft, das Öl, Salz und Pfeffer zugeben. Die Bohnensuppe kochen bis alle Zutaten wunschgemäß weichgekocht sind.

Fleischsuppe
(kreatosupa)

Eine Portion hat 420 kcal.
Kochzeit 50-60 Minuten.

4-5 Portionen

$^1/_2$-1	*kg Kalbfleisch (Brust)*
1	*Tasse Reis*
2	*Zitronen*
2	*Eier, Salz*

Das Fleisch mit Wasser bedeckt in einem Topf kochen. Mit einem Sieb den Schaum abschöpfen, der beim Kochen entsteht, und mit Salz würzen. Wenn das Fleisch weichgekocht ist, aus dem Topf nehmen, den Sud abseihen und etwas Wasser nachfüllen, wenn eine größere Menge Suppe gewünscht wird. Wenn die Brühe erneut kocht, den Reis zugeben. Für eine weniger dicke Suppe nur die halbe Menge Reis nehmen. Wenn der Reis weich ist, die Suppe von der Flamme nehmen und die Ei-Zitronen-Soße vorbereiten. Die Eier gut verquirlen und den Zitronensaft allmählich zugeben. Mit einem Suppenlöffel etwas Brühe nehmen und unter ständigem Rühren behutsam der Ei-Zitronen-Soße zufügen. Diesen Vorgang mehrmals wiederholen und schließlich die Soße unter ständigem Umrühren in die Suppe geben.

Veränderung: 1. Nach Belieben kann die Ei-Zitronen-Soße weggelassen werden.
2. Die Ei-Zitronen-Soße kann durch 1 1/2 Tassen Tomatensaft ersetzt werden, den man zugibt, nachdem der Schaum entfernt wurde, der beim Kochen des Fleisches entsteht.

Ostersuppe

s. Kap. Festtagsgerichte . . . . S. 123

Weihnachtssuppe

s. Kap. Festtagsgerichte . . . . S. 127

Trachanas

s. Kap. Trachanas . . . . S. 145

Hühnersuppe
(kotosupa)

Eine Portion hat 340 kcal.
Kochzeit 50-60 Minuten.

5-6 Portionen

1	*Huhn*
1	*Tasse Reis, 2 Eier*
2	*Zitronen, Salz*

Das Huhn in einem Topf mit soviel Wasser kochen, daß es ganz bedeckt ist. Darauf achten, daß man rechtzeitig den Schaum zu entfernt. Mit Salz würzen. Soll das Huhn auf eine andere Weise zubereitet werden, kann es nach 20 Minuten aus der Brühe genommen werden. Wünscht man das Huhn jedoch weichgekocht, in der Brühe lassen, bis es gut durch ist. Danach den Reis in die Brühe geben und die Ei-Zitronen-Soße vorbereiten. Die Eier gut verquirlen und den Zitronensaft allmählich zugeben. Mit einem Suppenlöffel etwas Brühe nehmen und unter ständigem Rühren behutsam der Ei-Zitronen-Soße zufügen. Diesen Vorgang mehrmals wiederholen und schließlich die Soße unter ständigem Umrühren in die Suppe geben.

Soßen

Auch wenn man weiß, welche wichtige Rolle die Soße im Geschmacksbild eines Gerichtes spielt, so hat man doch jedesmal, wenn man von Soßen spricht, den falschen Eindruck, es handle sich um etwas Zusätzliches und nicht um etwas Unabdingbares. Natürlich gibt es Soßen, deren Verwendung der Vorliebe des einzelnen überlassen ist. Doch muß grundsätzlich festgehalten werden, daß eine Soße nicht nur das Gericht bereichert, sondern mit ihm auch immer eng verbunden ist.

In diesem Kapitel finden Sie eine Reihe von Grundrezepten für Soßen. Die Menge der Zutaten ergibt die Menge an Soße, die jedes Gericht, wie im Rezept beschrieben, benötigt.

Soße für Garnelen
(saltsa ja garides)

3   *Eßlöffel Senf*
3   *Eßlöffel Öl*
      Saft einer großen Zitrone
      Salz, Pfeffer

Die Zutaten vermischen und gut durchrühren bis eine einheitliche Soße entsteht. Die Krabben oder Garnelen damit übergießen.

Öl-Zitronensoße
(ladolemono)

2   *Zitronen*
1/2 *Tasse Öl*
      Salz, Pfeffer

Den Saft der Zitronen mit dem Öl verrühren und mit Salz und Pfeffer würzen.
Die Soße eignet sich für gekochten Fisch, Braten, Salate oder Meeresfrüchte.

Veränderung: 1. Nach Wunsch feingehackte Petersilie zufügen.
2. Für manche Salate oder Gemüse kann das Öl durch Essig ersetzt werden.

Ei-Zitronensoße
(avgolemono)

2   *Eier*
1   *Tasse Fleisch- oder Gemüsebrühe*
2   *Zitronen*

Die Eier verquirlen und mit dem Zitronensaft verrühren. Vorsichtig nach und nach die Brühe zugeben.
Die Soße über das Gericht geben und auf kleiner Flamme verrühren, wobei man darauf achtet, daß das Gericht nicht kocht, da sonst das Ei stockt.

Veränderung: 1. Einer Ei-Zitronensoße für eine Suppe kann auch mehr Brühe und nach Belieben mehr Zitrone zugegeben werden.
2. Soll die Ei-Zitronensoße dicker werden, kann dem Grundrezept noch ein Ei zugefügt werden.

Mayonnaise
(majonesa)

2   *Eigelb*
1   *Teelöffel gemahlene Senfkörner*
2   *Tassen gutes Öl*
      Saft einer großen Zitrone
      Etwas Salz
      weißer Pfeffer

Das Eigelb, die gemahlenen Senfkörner, das Salz, den Pfeffer und etwas von dem Zitronensaft verquirlen. Die Mischung ständig weiterrühren und allmählich das Öl und anschließend behutsam den übrigen Zitronensaft einrühren.

Veränderung: Für eine schnellere Zubereitung der Mayonnaise zwei Eßlöffel Stärkemehl anrühren. Etwas warten, den gemahlenen Senf, das Eigelb und die übrigen Zutaten einrühren. Nach Wunsch können mehr Öl und mehr Zitronensaft zugegeben werden. Diese Mischung bindet schneller, auch wenn man das Öl rascher zugibt.

Marinade für Fischgerichte
(saltsa marinati ja psaria)

Zubereitungszeit 5 Minuten.

3   *Löffel Mehl*
3   *Tassen Wasser*
1   *Tasse Essig*
3   *reife, rote Tomaten*
      Rosmarin
      Salz
      Pfeffer

Verwendet wird das Öl, das vom Braten der Fische übriggeblieben ist. Das Mehl zugeben und anbräunen. Wasser, Essig, die geschälten und zerkleinerten Tomaten, Rosmarin, Salz und Pfeffer zugeben. Die Mischung kochen bis sie eindickt.

Veränderung: Nach Belieben können die Tomaten weggelassen werden.

Weiße Soße (Bechamel)
für Aufläufe
(aspri saltsa)

Zubereitungszeit 15-20 Minuten.

1	Eßlöffel Butter
2	Eßlöffel Mehl
1/2	l Milch
2	Eier
200	g geriebener Käse
	Salz

Die Butter in einem kleinen Topf schmelzen. Das Mehl zugeben und mit einem hölzernen Löffel rasch verrühren, damit es nicht anliegt. Erst die leicht erwärmte Milch, anschließend den Käse und das restliche Mehl zugeben. Die Mischung gut durchrühren. Sobald die Soße sämig ist, den Topf von der Flamme nehmen und zwei Minuten stehenlassen. Die Eier verquirlen und unter ständigem Rühren sehr langsam zugeben.

Damit ist die Soße zur Weiterverarbeitung bereit.

Bevor sie mit dem Auflauf (Pastitsio oder Musaka) gebacken wird, mit geriebenem Käse bestreuen, damit sie knuspriger wird.

Knoblauchsoße
(saltsa skordu)

Zubereitungszeit 10 Minuten.

4	Zehen Knoblauch
1	Tasse Öl
3	gestrichene Eßlöffel Mehl
	Essig
	Salz

Das Mehl in einer Pfanne anbraten. Den Knoblauch zerkleinern und mit dem Salz und dem Essig zugeben. Die Mischung gut durchrühren und mit etwas Wasser verdünnen. Etwas kochen lassen bis die Soße eindickt.

Tomatensoße I
(saltsa tomatas I)

Zubereitungszeit 60 Minuten.

1	kg Tomaten
1/2	Tasse Öl
1	Zwiebel
	Salz
	Pfeffer

Die Zwiebel schneiden und in erhitztes Öl geben. Wenn sie gelb wird, die geschälten und zerkleinerten Tomaten sowie Salz und Pfeffer zugeben. Die Soße auf kleiner Flamme etwa eine Stunde kochen bis sie sämig ist.

Veränderung: Nach Belieben feingehackte Petersilie zugefügen.

Tomatensoße mit Hackfleisch
(saltsa tomatas me kima)

Zubereitungszeit 40 Minuten.

1/2	kg Hackfleisch
1/2	Tasse Öl
1	große Zwiebel, feingeschnitten
3-4	große, reife Tomaten oder geschälte Tomaten aus der Büchse.
	Salz
	Pfeffer

Die Zwiebel in das erhitzte Öl geben. Sobald sie gelb ist, das Hackfleisch zugeben, gut durchmischen und anbraten. Anschließend die Tomaten (geschält und kleingeschnitten) zufügen, mit Salz und Pfeffer würzen. Auf kleiner Flamme kochen bis die Soße eingedickt ist. Zu Teigwaren oder Reis servieren.

Veränderung: Um der Hackfleischsoße einen würzigeren und kräftigeren Geschmack zu geben, können nach Belieben verschiedene Kräuter und Gewürze wie Petersilie, Basilikum, Oregano oder Muskat zugegeben werden.

Tomatensoße II
(saltsa tomatas II)

Zubereitungszeit 60 Minuten.

1/2	kg Tomaten
1	kleine Zwiebel
1/4	Tasse Öl
2	Stangen Zimt
	Salz
	Pfeffer

Die ganze Zwiebel mit den geschälten und zerkleinerten Tomaten und den übrigen Zutaten ungefähr eine Stunde auf kleiner Flamme kochen. Mit etwas Wasser ergänzen.

Den Zimt entfernen (auch die Zwiebel, wenn sie nicht zu sehen sein soll) und servieren.

Tomatensoße III
(saltsa tomatas III)

Zubereitungszeit 50 Minuten.

1	kg reife, rote Tomaten
3	Zehen Knoblauch
1	Bund Basilikum
2	Teelöffel Zucker
1/4	Tasse Öl oder Butter
	Salz
	Pfeffer

Die Tomaten waschen, schälen, nach Möglichkeit die Körner entfernen und pürieren. In einem kleinen Topf das Öl oder die Butter erhitzen und den zerkleinerten Knoblauch zugeben. Wenn er gelb ist, die Tomaten, Basilikum, Salz und Pfeffer zufügen. Die Mischung einige Zeit kochen bis eine dicke Soße entsteht.

Weiße saure Soße
(für Zucchini, gefüllte Weinblätter, Kohlrouladen)
(aspri xini saltsa)

Zubereitungszeit 15 Minuten.

3	Eßlöffel Butter
3	Eßlöffel Mehl
3	Tassen Brühe des Gerichts, für das die Soße zubereitet wird
2	Eier
2	Zitronen
	Salz

Die Butter in einem kleinen Topf schmelzen und das Mehl zugeben. Mit einem hölzernen Kochlöffel gut durchrühren. Auf kleiner Flamme die Brühe und etwas Salz zugeben. Die Soße ständig umrühren bis sie andickt. Dann den Topf von der Flamme nehmen und die Ei-Zitronen-Soße vorbereiten. Die Eier gut durchquirlen und danach den Zitronensaft zufügen. Unter ständigem Umrühren die Ei-Zitronen-Mischung in die Soße einrühren. Heiß servieren.

Wild - Geflügel

Kynigi - Poulerika

Die Jagd, einst ein Vergnügen der Aristokratie, hat auch heute ihre begeisterten Freunde. Schon die Erwähnung der Jagd reicht aus, um einem Gericht den Hauch des Besonderen zu verleihen, denn schließlich ist es das Ergebnis von Gewandtheit und Geschicklichkeit. Die

Art und Weise, in der jedoch heute das Wild unseren Tisch erreicht, steht auf einem anderen Blatt. Ganz sicher ist die Zeit, in der heldenhafte Jäger regelmäßig ihre Beute nach Hause brachten, unwiederbringlich vorbei. Vielleicht ist das Wildgeflügel wachsamer geworden, ha-

ben sich die Hasen wirklich verschwo-
ren... Kurz, es soll daran erinnert werden, daß es heute nicht mehr nötig ist,
das Gewehr selbst in die Hand zu nehmen, den Patronengurt umzuschnallen
und sich in die Berge zu begeben. Längst
gibt es Leute, die den Markt zuverlässig
mit frischem Wild versorgen und es
möglich machen, daß wir Wildgeflügel
vom Fasan bis zum Rebhuhn genießen.

Wir haben in diesem Kapitel für Sie eine Reihe von Rezepten zusammengestellt, damit Sie das Wild ihrer Wahl zubereiten können. Das gleiche Kapitel
enthält auch die Rezepte für die Zubereitung von Hühnern. Ihr helles, leichtbe-
kömmliches Fleisch enthält viele Proteine und sehr wenig Fett. Unsere wohl-
schmeckenden Rezepte werden sie sicher
inspirieren. Genießen Sie Geflügel und
Wild auf griechische Art und wählen sie
dazu einen roten Wein mit reichem Bu-
kett und, wenn es der Hase mit Zwiebeln
ist, den kräftigsten Wein, den sie finden
können.

Wachteln mit Reis
(ortikia pilafi)

Eine Portion hat 620 kcal.
Kochzeit 60-70 Minuten.

5-6 Portionen

10-12 Wachteln
1/2   Tasse Butter
1   Zwiebel, kleingeschnitten
5   reife Tomaten
2   Tassen Reis, Salz, Pfeffer

Die Wachteln ausnehmen, absengen und
gut waschen. Wenn sie groß sind, in zwei
Teile schneiden. Innen und außen mit Salz
und Pfeffer einreiben und in Butter anbraten.
Mit der Butter, in der sie gebraten wurden,
und der Zwiebel in einen Topf geben. Wenn
die Zwiebel gelb ist, die geschälten und zerkleinerten Tomaten zufügen. Die Wachteln
in der Soße einige Minuten kochen, dann 3
Tassen Wasser nachgießen. Die Wachteln
weitere 5-10 Minuten kochen, dann noch 2
Tassen Wasser und den Reis zugeben. Das
Gericht auf kleinster Flamme unter gelegent-
lichem Umrühren, um ein Anliegen zu ver-
hindern, kochen. Wenn der Reis die Flüssigkeit aufgesogen hat und weich ist, mit frischgemahlenem Pfeffer servieren.

Junge Täubchen in Wein
(pitsunia krasata)

Eine Portion hat 300 kcal.
Kochzeit 50-60 Minuten.

6 Portionen

6	Täubchen
1	Tasse Rotwein
1/2	Tasse Weißwein
1/2	Tasse Butter
1/2	Tasse Öl
1 ½	Tassen Tomatensaft
	Salz, Pfeffer

Die Täubchen ausnehmen und absengen. Sorgfältig waschen, innen und außen mit Salz und Pfeffer einreiben. In einem Topf Butter erhitzen und die Täubchen anbraten. Dann das Öl und gleich darauf den Rotwein zugeben. Den Topf eine Minute zudecken. Anschließend die geschälten und zerkleinerten Tomaten zugeben, die Flüssigkeit mit zwei Tassen Wasser ergänzen. Die Täubchen auf kleiner Flamme weichkochen. Zehn Minuten bevor sie vom Feuer genommen werden, den Weißwein zugeben.

Als Beilage eignen sich Pommes frites oder Nudeln.

Kaninchen in Wein
(kuneli krasato)

Eine Portion hat 480 kcal.
Kochzeit 50-60 Minuten.

6 Portionen

1	Kaninchen
2 ½	Tassen Rotwein
3	Zwiebeln, kleingeschnitten
3	Zehen Knoblauch, kleingehackt oder gepreßt
	Petersilie, kleingehackt
1/2	Teelöffel Thymian
4	Lorbeerblätter
3	Eßlöffel Mehl
1	Tasse Butter
	Salz, Pfeffer

Huhn mit Okra
(kotopoulo me bamies)

Eine Portion hat 470 kcal.
Kochzeit 60 Minuten.

4 Portionen

1	mittelgroßes Huhn
1/2	kg Okra
1	Tasse Öl
1	große Zwiebel
4	reife Tomaten
	Salz
	Pfeffer
	Essig für die Okra

Das Huhn säubern und sorgfältig waschen. Die Zwiebel in Scheiben schneiden und im Öl erhitzen. Dann das Huhn zugeben. Mehrmals umdrehen bis es von allen Seiten angebräunt ist. Die geschälten und zerkleinerten Tomaten zugeben.

Die Okra gut waschen, die Stengel abschneiden. Danach in Essig tauchen. Wenn das Huhn halb durch ist, die Okra in den Topf gegeben. Das Gericht wird so lange gekocht bis die Soße eingedickt ist.

Veränderung: Die Okra in einer Pfanne braten, bevor sie zu dem Huhn gegeben werden.

Wein, Zwiebeln, Knoblauch, Petersilie, Thymian und Lorbeerblätter mischen. Das Kaninchen in kleine Portionen schneiden und mit der Flüssigkeit vermischen. Mindestens 6 Stunden stehenlassen. Anschließend das Kaninchen abtropfen lassen und in Butter braten. Beim Braten das Kaninchen mit Mehl bestreuen, anschließend die Flüssigkeit mit dem Wein und den Gewürzen zugeben.

Mit Salz und Pfeffer würzen, zwei Tassen Wasser zufügen. Das Gericht auf schwacher Flamme gut zugedeckt kochen bis die Soße eingedickt ist.

Rebhühner in Tomatensoße
(perdikes me saltsa tomatas)

Eine Portion (ohne Kartoffeln oder Reis)
hat 270 kcal.
Kochzeit 50-60 Minuten.

5-6 Portionen

10-12 *Rebhühner*
1/2 *Tasse Butter*
1/2 *Tasse trockener Weißwein*
5 *reife Tomaten*
    Salz, Pfeffer

Die Rebhühner ausnehmen, absengen und gut waschen. In zwei Hälften schneiden und mit Salz und Pfeffer einreiben. Die Innereien kleinschneiden. In einem flachen und breiten Topf die Butter erhitzen und die Rebhühner darin auf allen Seiten gleichmäßig anbraten. Die Innereien zugeben und umrühren. Gleich darauf den Wein und eine halbe Tasse Wasser zugeben. Die Flüssigkeit ein bis zwei Minuten kochen, danach die zerkleinerten Tomaten (ohne Haut und Samenkörner) Salz, Pfeffer und eine Tasse heißes Wasser zufügen. Das Gericht auf kleiner Flamme kochen bis die Soße eingedickt ist.

Als Beilagen eignen sich Pommes frites oder Reis.

Hase mit Zwiebeln
(lagos stifado)

Eine Portion hat 850 kcal.
Kochzeit 60 Minuten.

6-8 Portionen

1 *Hase*
1 1/2 *kg kleine Zwiebeln*
1 *große Zwiebel, kleingeschnitten*
4 *reife Tomaten, 8 Lorbeerblätter*
10 *ganze Pfefferkörner*
3 *Tasse Öl, 2 Zehen Knoblauch*
1/2 *Weinglas Essig*
    Salz, Pfeffer, Öl zum Braten

Sorgfältig die Haare entfernen ohne den Hasen zu waschen. In kleine Portionen schneiden, die man im Blut stehen läßt. In einem Topf das Fleisch mit dem Öl und der geschnittenen Zwiebel anbraten, die Pfefferkörner zugeben und mit Salz und Pfeffer würzen. Wenn der Hase angebräunt ist, mit dem Essig übergießen und sofort den Topf schließen. Danach die geschälten und zerkleinerten Tomaten zugeben. Das Gericht einige Minuten mit den Tomaten kochen, dann die Lorbeerblätter und den Knoblauch zugeben. Die Flüssigkeit mit Wasser ergänzen, daß das Fleisch ganz bedeckt ist. In geschlossenem Topf auf kleiner Flamme kochen. Die kleinen Zwiebeln schälen, die in einer Schüssel Wasser eingeweicht wurden. Abtropfen lassen, anbraten und dem Gericht zufügen, das in der Zwischenzeit halb gar ist. Auf schwacher Flamme weiterkochen, dabei ab und zu den Topf etwas bewegen, damit das Gericht nicht anliegt.

Kaninchen mit Zwiebeln
(kuneli stifado)

Eine Portion hat 800 kcal.
Kochzeit 60 Minuten.

6-8 Portionen

Die gleichen Zutaten wie zur Zubereitung des Hasen mit Zwiebeln verwenden. Das Kaninchen muß jedoch vor dem Kochen gut gewaschen werden.

Huhn mit Zitrone im Backrohr
(kotopulo lemonato sto furno)

Eine Portion hat 480 kcal.
Kochzeit 60 Minuten.

4 Portionen

1	mittelgroßes Huhn
1 ½	kg Kartoffeln
2	große Zitronen
1	Tasse Öl, Salz, Pfeffer

Das Huhn säubern, waschen, mit Salz und Pfeffer würzen. Anschließend in eine Backpfanne legen. Die Kartoffeln schälen, waschen und rings um das Huhn legen. Mit dem Saft der Zitronen übergießen und durchmischen. Das Öl und zwei Tassen Wasser zugeben. Das Gericht im Backrohr etwa eine Stunde lang backen. Das Huhn öfter umdrehen, damit es von allen Seiten knusprig braun wird.

Hähnchen in Wein
(kokoras krasatos)

Eine Portion hat 510 kcal.
Kochzeit 50-60 Minuten.

4-5 Portionen

1	Hähnchen von etwa 1 ½ kg
1	Tasse Öl
2-3	Löffel Butter
2	Zwiebeln, kleingeschnitten
1/2	Tasse trockener Weißwein
	Salz, Pfeffer
	Zimt, Nelke

Das Hähnchen sorgfältig säubern, waschen und in Stücke schneiden. Abtropfen lassen und in Mehl wenden. Die Butter in einer Pfanne erhitzen und die Stücke darin anbraten.

Das Öl mit den Zwiebeln und den Gewürzen in einen Topf geben. Das Hähnchen zufügen und kurze Zeit alle Zutaten zusammen

Huhn mit Reis
(kotopulo me risi)

Eine Portion hat 580 kcal.
Kochzeit 65 Minuten.

4-5 Portionen

1	mittelgroßes Huhn
2 ½	Tassen Reis
4	große, reife Tomaten
1/2	Tasse Öl
1/2	Tasse Butter, Salz, Pfeffer

Das Huhn säubern und waschen. Gut mit Salz und Pfeffer würzen, innen und außen mit Butter bestreichen. Dann in eine Backpfanne legen. Die Tomaten schälen und zerkleinern, die Körner entfernen. Die Tomaten in die Backpfanne geben, Öl und drei Tassen Wasser zufügen. Das Huhn 45 Minuten unter mehrmaligem Umdrehen im Backrohr braten. Danach die Flüssigkeit mit einer Tasse Wasser (oder mehr) ergänzen und den Reis zugeben. Mit etwas Salz würzen und alles durchrühren. Das Gericht bei mittlerer Hitze noch 15-20 Minuten im Backrohr lassen.

anbraten, mit Wein löschen. Die Soße mit Wasser ergänzen und kochen lassen.

Die Kartoffeln schälen, in kleine Würfel schneiden und anbraten. Kurz bevor die Soße dick ist, die Kartoffeln zugeben. Nach 3-4 Minuten das Gericht vom Feuer nehmen.

Gefülltes Huhn
(kotopulo jemisto)

Eine Portion hat 460 kcal.
Kochzeit 60 Minuten.

5-6 Portionen

1	*Huhn von etwa 2 kg*
1	*kleingeschnittene Zwiebel*
1/2	*Tasse Reis*
1	*Tasse Butter*
2	*Tassen Tomatensaft*
1/2	*Teelöffel Zimt*
1/2	*Tasse Mandeln*
1/4	*Tasse Rosinen*
1	*kg Kartoffeln*
	Salz
	Pfeffer

Das Huhn säubern und sorgfältig waschen. Innereien und Leber kleinschneiden. Die Hälfte der Butter erhitzen und darin die Zwiebel und die Innereien braten. Mit Salz und Pfeffer würzen und eine Tasse Tomatensaft zufügen. Dann die enthäuteten Mandeln, den Reis, Rosinen und Zimt zugeben. Die Mischung mit etwas Wasser ergänzen. Kurze Zeit kochen.

Die Kartoffeln schälen, mit Salz und Pfeffer würzen und in eine Backpfanne legen. Die zweite Tasse Tomatensaft darübergiessen. Das Huhn mit der Mischung füllen und mit Nadel und Faden zunähen. Mit Butter bestreichen und mit Salz und Pfeffer einreiben. Die restliche Butter in die Backpfanne geben. Die Flüssigkeit mit etwas Wasser ergänzen und das Gericht bei mittlerer Hitze im Backrohr backen.

Huhn mit breiten Nudeln
(kotopulo me chilopites)

Eine Portion hat 520 kcal.
Kochzeit 60 Minuten.

4-5 Portionen

1	*mittelgroßes Huhn*
1/2	*kg breite Nudeln*
4	*reife Tomaten*
2	*feingeschnittene Zwiebeln*
1/2	*Tasse Butter, Salz, Pfeffer, Zimt*

Das Huhn säubern, waschen und mit den Zwiebeln in einem Topf anbraten. Wenn es auf allen Seiten gleichmäßig angebräunt ist, die geschälten und zerkleinerten Tomaten zugeben. Etwas Zimt darüberstreuen, mit Salz und Pfeffer würzen. Zwei Tassen Wasser zugeben und das Gericht auf mittlerer Flamme kochen. Bevor das Huhn weich ist, die Flüssigkeit noch einmal mit zwei Tassen Wasser auffüllen. Wenn die Soße kocht, die Nudeln hineingeben. Solange kochen bis die Flüssigkeit aufgesogen ist. Mehrmals umrühren, damit die Nudeln nicht anliegen.

Hühnerpastete

s. Kap. Blätterteig . . . . S. 39

Gefüllter Truthahn

s. Kap. Festtagsgerichte . . . . S. 127

Fleischgerichte

Fleisch ist die wichtigste Quelle
von Proteinen, jenes Nährstoffes, den
der menschliche Organismus so
dringend benötigt, um zu wachsen
und seine Zellen zu erneuern.
Ausgehend von dieser Einsicht
erdachte die menschliche
Erfindungsgabe zahlreiche
verschiedene Arten zu kochen. Das
Fleisch, das in Griechenland
hauptsächlich verzehrt wird, kommt
von Hammel, Schwein oder Kalb.
Gekocht, gebraten und mit
besonderer Sorgfalt angerichtet,
treffen wir es in zahllosen
Verbindungen mit Erzeugnissen des
Pflanzenreiches, die den Nährwert
erhöhen und mit pikanten Gewürzen
den Geschmack bereichern. Immer
gibt es bestimmte Arten, in denen
eine Art Fleisch zubereitet werden
kann. So sind die Hammelrippchen
auf dem Holzkohlengrill berühmt,
Schweinefleisch gelingt besonders gut,
wenn es mit Sellerie zubereitet wird
und das geeignete Fleisch für ein
Gericht mit gekochten Zwiebeln
(Stifado) ist Kalbfleisch.

In diesem Kapitel haben wir für Sie
typisch griechische Rezepte
ausgewählt, die verschiedene Zutaten
und Zubereitungsweise verbinden.

Unser Vorschlag für das Getränk:
ein leichter Rotwein eignet sich als
Begleitung von jungem Kalbfleisch,
der kräftigere Rotwein für Braten
und würzige Gerichte aus dem Topf.
Man sollte daran denken, den ältesten
und kräftigsten Wein mit einem
Zwiebelgericht (Stifado) zu trinken!

Kalbfleisch im Topf mit Kartoffeln
(moschari katsarolas me patates)

Eine Portion hat 650 kcal.
Kochzeit 60-70 Minuten.

4-5 Portionen

1	kg Kalbfleisch
1	kg Kartoffeln
1 ½	Tassen Tomatensaft
1	große Zwiebel, feingeschnitten
1	Tasse Öl
	Salz, Pfeffer

Das Fleisch waschen und in kleine Portionen schneiden. Mit etwas Wasser und der Zwiebel in einen Topf geben. Das Wasser einige Male aufkochen lassen und die Butter zugeben, wenn die Flüssigkeit aufgesogen ist. Das Fleisch von allen Seiten gleichmäßig anbraten. Mit Salz und Pfeffer würzen, den Tomatensaft zugeben. Die Soße mit 2 Tassen Wasser ergänzen und das Gericht auf kleiner Flamme kochen.

Die Kartoffeln schälen und in Würfel schneiden. Wenn das Fleisch fast weich ist, etwas Wasser (eine Tasse) und die Kartoffeln zugeben. Noch einmal salzen. Wenn die Kartoffeln weich sind und die Soße eingedickt ist, mit frischgemahlenem Pfeffer servieren.

Kalbfleisch in Tomatensoße mit Nudeln
(moschari kokkinisto me makaronia)

Eine Portion hat 720 kcal.
Kochzeit 60-70 Minuten.

4-5 Portionen

1	kg Kalbfleisch ohne Fett und Sehnen
1	große Zwiebel, feingeschnitten
1/2	Tasse Öl
1/2	Tasse Butter
1 ½	Tassen geschälte Tomaten
1/2	kg Makkaroni, 6 Zehen Knoblauch
	Salz, Pfeffer, geriebener Hartkäse

Das Fleisch nicht in Portionen schneiden, sondern an verschiedenen Stellen 6 mal einschneiden. Mit Salz und Pfeffer einreiben. Die Knoblauchzehen in die Schnitte stecken. Das Fleisch in einem Topf mit der Zwiebel und dem Öl von allen Seiten anbraten.

Dann die geschälten und zerkleinerten Tomaten zugeben und die Soße mit Wasser ergänzen. Das Gericht bei schwacher Flamme kochen.

Wenn das Fleisch fast weich ist, die Makkaroni in einem großen Topf mit viel Salzwasser kochen. Abtropfen lassen, auf einer großen Platte anrichten und mit Käse bestreuen. Die Butter erhitzen und über die Makkaroni gießen. Das Fleisch in Scheiben schneiden und mit den Makkaroni und der Soße servieren.

Kalbfleisch in Tomaten-soße mit Püree
(moschari kokkinisto me pure)

Eine Portion hat 680 kcal.
Kochzeit 60-70 Minuten.

4-5 Portionen

1	*kg Kalbfleisch ohne Fett und Sehnen*
1	*feingeschnittene Zwiebel*
1	*Tasse Öl*
1 ½	*Tassen Tomatensaft*
	Salz, Pfeffer

Für das Kartoffelpüree

1 ½	*kg Kartoffeln*
1/2	*Liter Milch*
1/2	*Tasse Butter*

Das Fleisch in Portionen schneiden, waschen und abtrocknen. Mit der Zwiebel und dem Öl in einem Topf von allen Seiten anbraten. Salz, Pfeffer und den Tomatensaft zugeben. Das Fleisch auf schwacher Flamme kochen, einige Male Wasser nachgießen.

Dann das Püree vorbereiten: Kartoffeln waschen und ungeschält kochen. Wenn sie weich sind, schälen und pürieren. Die Butter in einem Topf schmelzen und die pürierten Kartoffeln zugeben. Einige Male gut durchrühren und Milch und Salz zufügen. Nachdem das Püree ein- oder zweimal aufgekocht hat, von der Flamme nehmen und mit dem Fleisch servieren.

Tas Kebab
(tas kebab)

Eine Portion hat 490 kcal.
(Mit Reis 700 kcal).
Kochzeit 50 Minuten.

6 Portionen

1	*kg Lamm- oder Kalbfleisch*
1/2	*kg Zwiebeln*
1/2	*Tasse Butter*
1/2	*kg reife Tomaten*
1/2	*Tasse trockener Weißwein*
	feingehackte Petersilie
	Salz, Pfeffer

Das Fleisch in mittelgroße Würfel schneiden, waschen und abtrocknen. Die Butter in einer Pfanne erhitzen und das Fleisch anbraten. Danach das Fleisch in einen Topf geben. Die in Scheiben geschnittenen Zwiebeln in der Pfanne anbraten.

Die Zwiebeln mit der Butter in den Topf geben und erhitzen. Bevor die Zutaten erneut gebraten werden, den Wein und danach die geschälten und zerkleinerten Tomaten zugeben. Mit Salz, Pfeffer und Petersilie würzen. Das Gericht auf schwacher Flamme kochen und nötigenfalls noch etwas Wasser zugeben bis eine dicke, würzige Soße entstanden ist.

Mit Reis, Pommes frites oder Kartoffelpüree servieren.

Fleisch mit Gemüse
(kreas me chortarika)

Eine Portion hat 480 kcal.
Kochzeit 60-70 Minuten.

4-5 Portionen

1	kg Kalbsfleisch
1 1/2	kg Sellerie
1/2	kg Lauch
1	große Zwiebel, feingeschnitten
5	frische Zwiebeln
1	Bund Dill
1/2	Tasse Butter
3	rote, reife Tomaten
	Salz, Pfeffer

Das Fleisch waschen und in kleine Stücke schneiden. Mit der Zwiebel und der Butter in einen Topf geben und von allen Seiten anbraten. Mit Salz und Pfeffer würzen. Das Gemüse sorgfältig waschen und in kleine Stücke schneiden. Die Tomaten schälen und zerkleinern. Wenn das Fleisch fast durch ist, das Gemüse und die Tomaten zugeben.

Zwei Tassen Wasser zugießen und das Gericht kochen bis Fleisch und Gemüse weich sind.

Kalbfleisch mit Zucchini
(moschari me kolokithakia)

Eine Portion hat 500 kcal.
Kochzeit 60-70 Minuten.

4-5 Portionen

1	kg Kalbfleisch
1	kg kleine Zucchini
1	große Zwiebel, feingeschnitten
1	Tasse geschälte Tomaten
1	Tasse Öl
	Salz, Pfeffer
	Öl zum Braten

Das Fleisch waschen und in Portionen schneiden. Mit der Zwiebel und einer halben Tasse Wasser in einen Topf geben. Wenn das Wasser aufgesogen ist, das Öl zugeben und das Fleisch von allen Seiten gleichmäßig anbraten. Mit Salz und Pfeffer würzen und die geschälten und zerkleinerten Tomaten zugeben. Die Flüssigkeit mit 2 Tassen Wasser ergänzen und kochen.

Die Zucchini säubern und salzen. Öl in einer Pfanne erhitzen und die Zucchini braten bis sie eine schöne Farbe bekommen und knusprig sind. Wenn das Fleisch fast weich ist, werden die Zucchini zugegeben und noch kurze Zeit mitgekocht.

Kalbszunge in Wein
(moscharisia glossa krasati)

Eine Portion hat 400 kcal.
Kochzeit 60-70 Minuten.

6-8 Portionen

1	Kalbszunge von etwa 1 1/2 kg
1	Tasse Öl
1	Tasse trockener Weißwein
1-2	Stengel Sellerie
2	Zehen Knoblauch
	Salz, Pfeffer

Die Zunge sorgfältig waschen, harte Teile entfernen. Wasser in einen Topf geben und die Zunge 20 Minuten kochen. Abtropfen lassen und vorsichtig die Haut abziehen. Die Zunge in Scheiben schneiden und in einen flachen, breiten Topf geben, in dem die Butter erhitzt wurde. Mit Salz und Pfeffer würzen, die Scheiben mehrmals umdrehen. Sobald sie etwas angebräunt sind, den Wein zugeben und den Topf sofort zudecken.

Kurz danach 2 Tassen des Sudes, in dem die Zunge gekocht wurde, sowie die Sellerie und den Knoblauch (ganz) zugeben. Auf schwacher Flamme kochen bis die Soße eingedickt ist.

Den Knoblauch und die Sellerie herausnehmen das Gericht mit Pommes frites und Salat oder als Vorspeise servieren.

Kalbsbraten im Topf mit Erbsen
(moschari katsarolas me araka)

Eine Portion hat 590 kcal.
Kochzeit 50-60 Minuten.

4-5 Portionen

1	kg Kalbfleisch
1	Tasse Butter
1/2	Tasse trockener Weißwein
1	Teelöffel geriebener Thymian
1/2	kg Erbsen
	Salz, Pfeffer

Das Fleisch waschen und in Scheiben schneiden. Die Butter in einem breiten, flachen Topf erhitzen. Die Fleischscheiben mit Salz und Pfeffer einreiben, nacheinander in den Topf legen und von allen Seiten anbraten.

Gleich danach den Wein zugeben und den Topf zudecken. Thymian und zwei Tassen Wasser zugeben, das Fleisch bei schwacher Flamme kochen. Die Erbsen in Salzwasser kochen. Bevor sie ganz durch sind, abtropfen lassen und zu dem Fleisch in den Topf geben.

Kurze Zeit Fleisch und Erbsen zusammen kochen und dann servieren.

Kalbfleisch mit Zwiebeln
(moschari stifado)

Eine Portion hat 640 kcal.
Kochzeit 70 Minuten.

4-5 Portionen

1	*kg Kalb- oder Rindfleisch*
1 ½	*kg kleine Zwiebeln*
6	*Zehen Knoblauch*
1	*Tasse Öl*
1	*feingeschnittene Zwiebel*
2-3	*Eßlöffel Essig*
1 ½	*Tassen Tomatensaft*
	Salz, Pfeffer, Lorbeerblätter
8-10	*ganze Pfefferkörner*
	Öl zum Braten

Das Fleisch in kleine Stücke schneiden, mit der feingeschnittenen Zwiebel und dem Öl in einem Topf unter mehrfachem Umwenden von allen Seiten anbraten. Anschließend Salz, Pfeffer und Essig zugeben. Den Topf eine halbe Minute schließen und danach den Tomatensaft, Knoblauch, Lorbeerblätter und Pfefferkörner zugeben. Die Soße mit etwas Wasser ergänzen und auf schwacher Flamme kochen.

In der Zwischenzeit die Zwiebeln schälen, die in einer Schüssel mit Wasser eingeweicht wurden. Abtropfen lassen und salzen. Die Zwiebeln anbraten und in den Topf geben, Sobald das Fleisch weich ist.

Das Gericht kochen bis die Soße eingedickt ist.

Gekochtes Rindfleisch mit Gemüse
(vodino vrasto me lachanika)

Eine Portion hat 420 kcal.
Kochzeit 70-80 Minuten.

6 Portionen

1	kg Rindfleisch (Brust)
1/2	kg Kartoffeln
1/4	kg Karotten
3	große Zwiebeln
4-5	Zucchini
1	Bund Sellerie
4	rote, reife Tomaten
	Salz und Pfeffer

Das Fleisch in Portionen schneiden und in einen Topf legen, der zur Hälfte mit Wasser gefüllt ist. Kurz bevor das Wasser kocht, den Schaum mit einem Löffel entfernen. Salz zugeben und das Fleisch auf großer Flamme mindestens eine Stunde kochen. Kartoffeln, Karotten, Zwiebeln und Zucchini schälen und ganz in den Topf geben.

Die Sellerie zusammenbinden, damit sie sich nicht verteilt. Dann auch die geviertelten Tomaten, Salz und Pfeffer zugeben. Wenn das Gericht fertig ist, jede Portion in einem tiefen Teller servieren, in den man Fleisch, Gemüse und Brühe gibt.

Kalbfleisch in Käseumhüllung
(moschari tilichto me tiri)

Eine Portion hat 500 kcal.
Kochzeit 120 Minuten.

6-8 Portionen

1 ½	kg Kalbfleisch
300	g Schafskäse, feingehackte Petersilie
1	Tasse Butter, 1/2 Tasse Rotwein
	Salz, Pfeffer, Thymian

Darauf achten, daß das Fleisch eine annähernd rechteckige Form hat, damit es eingerollt werden kann. Das Fleisch auf einer Unterlage mit Salz und Pfeffer einreiben. Den Käse in der Mitte des Stückes der Länge nach verteilen. Danach mit Petersilie bestreuen. Das Fleisch straff einrollen und mit einem Faden zusammenbinden. Die Butter in einem flachen und breiten Topf erhitzen und die Fleischrolle darin von allen Seiten anbraten. Den Wein zugeben und den Topf sofort zudecken. Die Flüssigkeit des Gerichtes mit 2 Tassen Wasser ergänzen und den geriebenen Thymian zugeben. Das Fleisch auf schwacher Flamme etwa 2 Stunden kochen.

Schweinefleisch mit Kohl
(chirino me lachano)

Eine Portion hat 540 kcal.
Kochzeit 60-70 Minuten.

5 Portionen

1	kg Schweinefleisch
1	Kohlkopf von etwa 1 ½ kg
2	große Zwiebeln
1	Tasse Öl
1 ½	Tassen Tomatensaft
	Salz
	Pfeffer

Das Fleisch waschen und in kleine Stücke schneiden. Das Öl in einen Topf geben und erhitzen, die Zwiebeln in Scheiben schneiden und anbräunen. Dann das Fleisch anbraten. Tomatensaft, Salz und Pfeffer zufügen. Die Flüssigkeit mit zwei Tassen Wasser ergänzen.

Den Kohl in ziemlich große Stücke schneiden, die gut gewaschen werden. Wenn das Fleisch fast weich ist, zwei Tassen Wasser, Kohl und Salz in den Topf geben. Weiterkochen bis der Kohl richtig weich ist.

Mit frischgemahlenem Pfeffer servieren.

Schweinefleisch mit Lauch
(chirino me prasa)

Eine Portion hat 660 kcal.
Kochzeit 60 Minuten.

5 Portionen

1	kg Schweinefleisch
1 ½	kg Lauch
2	feingeschnittene Zwiebeln
1	Tasse Öl
1 ½	Tassen Tomatensaft
	Salz, Pfeffer

Den Lauch säubern und waschen. Jede Stange in 4-5 Stücke schneiden. Den Lauch in Salzwasser fast weichkochen, abseihen und abtropfen lassen.

Schweinefleisch mit Sellerie
(chirino me selino)

Eine Portion hat 700 kcal.
Kochzeit 60 Minuten.

5 Portionen

1	kg Schweinefleisch
1	kg Sellerie
2	große Zwiebeln, feingeschnitten
1/2	Tasse Butter
2	Zitronen
2	Eier, Salz, Pfeffer

Die Sellerie putzen und sorgfältig waschen. In große Stücke schneiden und zum Kochen in Salzwasser legen. Wenn sie fast weich gekocht ist, herausnehmen und abtropfen lassen. Das Fleisch in Portionen schneiden, mit den Zwiebeln und etwas Wasser in einem Topf erhitzen, einige Male umrühren. Wenn die Flüssigkeit aufgesogen ist, die Butter zugeben und das Fleisch anbraten. Dann drei Tassen Wasser, Salz und Pfeffer zugeben und das Gericht auf mittlerer Flamme kochen. Wenn das Fleisch halb durch ist, die Sellerie in den Topf geben und mitkochen. Während das Gericht kocht, die Ei-Zitronensoße vorbereiten. Die Eier verquirlen und mit dem Zitronensaft verrühren. Vorsichtig nach und nach die Brühe zugeben. Die Soße über das Gericht geben und auf kleiner Flamme verrühren, wobei man darauf achtet, daß das Gericht nicht kocht, da sonst das Ei stockt. Den Topf bewegen, damit sich die Soße gleichmäßig verteilt.

Das Fleisch in Portionen schneiden und mit Salz und Pfeffer würzen. In einem Topf mit Öl und den Zwiebeln anbraten. Sobald es etwas angebräunt ist, den Tomatensaft und zwei Tassen Wasser zugeben und auf schwacher Flamme kochen. Wenn das Fleisch fast weich ist, den Lauch zugeben und weiterkochen bis die Soße eingedickt ist.

Schweinefleisch mit Bohnen
(chirino me fasolia)

Eine Portion hat 790 kcal.
Kochzeit 60-70 Minuten.

6-7 Portionen

1 ½   *kg Schweinefleisch*
1/2   *kg weiße Bohnen*
1 ½   *Tassen Tomatensaft*
1   *große Zwiebel, feingeschnitten*
1/2   *Tasse Öl*
      Salz
      Pfeffer

Das Fleisch in Portionen schneiden, mit der Zwiebel in einen Topf geben und anbraten. Mit Salz und Pfeffer würzen, den Tomatensaft zugeben, kochen.

Die Bohnen weichkochen und abtropfen lassen. Wenn das Schweinefleisch fast weich ist, die Soße mit etwas Wasser ergänzen und die Bohnen zugeben. Zusammen weiterkochen bis die Soße eingedickt ist.

Veränderung: 1. Es können auch große Bohnen verwendet werden.
2. Dieses Gericht kann auch im Backrohr gebacken werden, wodurch das Anbraten entfällt.

Schweinekoteletts in Wein
(chirines brisoles krasates)

Eine Portion hat 600 kcal.
Bratzeit 30 Minuten.

5 Portionen

5   *nicht sehr fette Schweinekoteletts*
1   *Tasse gutes Öl, Salz, Pfeffer*
1   *Tasse trockenen Weißwein*

Die Koteletts mit Salz und Pfeffer einreiben und in einer Pfanne anbraten. Wenn sie auf beiden Seiten braun sind, eine Tasse Wasser zugeben und auf schwacher Flamme kochen. Wenn die Flüssigkeit bis auf das Öl aufgesogen ist, den Wein zugeben und die Pfanne zudecken. Nach einer Minute die Koteletts servieren.

Schweinskeule gebraten
(chirino buti psito)

Eine Portion hat 480 kcal.
Kochzeit 120 Minuten.

8-10 Portionen

1   *kleine Schweinskeule mit Haut*
2   *Zitronen*
6   *Zehen Knoblauch*
1   *Tasse Butter, Salz, Pfeffer*
2   *kg kleine, runde Kartoffeln*

Das Fleisch waschen und die Haare entfernen. Mit einem scharfen Messer sechs Schnitte anbringen, die mit Salz, Pfeffer und jeweils einer Knoblauchzehe gefüllt werden. Die Keule mit Butter bestreichen, damit die Haut knusprig wird.

Dann die Kartoffeln schälen und mit Salz und Pfeffer würzen. Den Saft einer Zitrone über die Kartoffeln gießen und gut umrühren. Anschließend die Kartoffeln in einer Backpfanne verteilen, auf die auch die Schweinskeule gelegt wird. Das Gericht bei schwacher Hitze mehr als zwei Stunden im Backrohr backen und das Fleisch mehrmals umdrehen.

Fleischspieß mit Teigfladen
(suvlaki me pita)

Ein Fleischspießchen hat 300 kcal.
Bratzeit 20-30 Minuten.

8 Portionen

1/4   kg Schweinefleisch möglichst ohne
      Sehnen und Fett
8   Teigfladen für Suvlaki
8   Spießchen aus Holz
2   Zwiebeln
2   feste Tomaten
      Petersilie
      Oregano
      Salz, Pfeffer
      Paprika
1/4   Tasse Butter

Das Fleisch waschen und in kleine Würfel schneiden. Mit Salz, Pfeffer und Oregano würzen. Die Stücke auf 8 Spießchen verteilen und auf den Grill legen.

Die Zwiebeln in Scheiben schneiden, die Petersilie fein hacken. Die Tomaten waschen und in Stücke schneiden. Die Fladen einzeln auf den Grill legen, erhitzen und mehrmals mit Butter bestreichen.

Wenn das Fleisch durch ist, die Spießchen entfernen. Das Fleisch mit Zwiebeln, Petersilie und Tomaten auf die Fladen legen, mit Paprika würzen und die Fladen so in Butterbrotpapier einwickeln, daß das halbe Suvlaki frei bleibt.

_____

Veränderung: Nach Belieben Tzatziki zugeben.

Lamm in Essig in der Pfanne
(arni xidato sto tigani)

Eine Portion hat 670 kcal.
Bratzeit 50-60 Minuten.

5 Portionen

1	kg Lammfleisch (Keule)
1	Tasse Essig
3	Suppenlöffel Mehl
1/2	Tasse Öl, Salz, Pfeffer
1	gehäufter Eßlöffel Butter
4	Zehen Knoblauch, feingehackt

Das Lammfleisch in dünne Scheiben schneiden, in Mehl wenden und in Öl und Butter anbraten. Das Fleisch dann in einen kleinen Topf geben. In das Bratfett den Knoblauch, Essig und einen Löffel Mehl geben, gut verrühren. Mit Salz und Pfeffer würzen. Wenn die Soße kocht, das Fleisch damit übergießen.

Das Fleisch auf schwacher Flamme in der Soße kochen, darauf achten, daß es nicht anliegt.

Mit Wildgemüse oder Bauernsalat servieren.

Lammfleisch Atzem mit Reis
(arnaki atzem pilafi)

Eine Portion hat 780 kcal.
Bratzeit 50-60 Minuten.

5 Portionen

1	kg Lammfleisch (vom Vorderteil)
1	Dose geschälte Tomaten
1	Tasse Butter
1	große Zwiebel, feingeschnitten
2	Tassen Reis, Salz, Pfeffer

Das Lammfleisch waschen und in sehr kleine Stücke schneiden. Mit der Zwiebel in einen Topf geben. Wenn es die Flüssigkeit aufgesogen hat, die Butter dazugeben.

Wenn das Fleisch angebräunt ist, mit Salz und Pfeffer würzen, die zerkleinerten Toma-

Lamm mit Zitrone im Topf
(arnaki lemonato katsarolas)

Eine Portion hat 790 kcal.
Kochzeit 60 Minuten.

5-6 Portionen

1	kg Lammfleisch (Schenkel)
1/2	Tasse Butter
2	Zitronen
1	kg kleine runde Kartoffeln
	Salz, Pfeffer

Das Fleisch waschen, in Stücke schneiden und sorgfältig abtrocknen. Mit der Butter in einen Topf geben, mit Salz und Pfeffer würzen. Unter mehrfachem Umwenden von allen Seiten gleichmäßig anbraten. Den Zitronensaft darübergießen und den Topf eine Minute schließen.

Danach zwei Tassen Wasser zugeben, den Topf wieder zudecken und das Fleisch auf schwacher Flamme kochen. Die Kartoffeln schälen, waschen und in ausreichend Öl anbraten. Wenn das Fleisch weich ist, die Kartoffeln dem Gericht zugeben. Salzen, die Soße mit etwas Wasser ergänzen und das Gericht weitere zehn Minuten kochen. Mit frischgemahlenem Pfeffer servieren.

ten zugeben und die Soße mit zwei Tassen Wasser ergänzen. Wenn das Lammfleisch fast weich ist, noch einmal Wasser nachfüllen und den Reis zugeben. Auf schwacher Flamme das Gericht langsam garen. Wenn die Flüssigkeit aufgesogen ist, mit frischgemahlenem Pfeffer servieren.

Lammfrikassee mit Kopfsalat
(arni frikase me marulia)

Eine Portion hat 670 kcal.
Bratzeit 60 Minuten.

5 Portionen

1	kg Lammfleisch, Keule oder Brust
300	g frische Zwiebeln, kleingeschnitten
3	Kopfsalate (oder Salata romana)
1	Bund Dill, feingeschnitten
1/2	Tasse Butter
2	Zitronen
2	Eier
	Salz, Pfeffer

Das Fleisch in mittelgroße Portionen schneiden und waschen. Die Stücke mit den Zwiebeln in einen Topf geben, hin und wieder umrühren. Wenn die Flüssigkeit aufgesogen ist, Butter, Dill, Salz und Pfeffer zugeben. Das Fleisch kurze Zeit mit der Butter erhitzen. Die Zwiebeln sollen glasig, nicht gelb werden. Das Fleisch soll nicht braun werden, sondern seine helle Farbe behalten. Dann zwei Tassen Wasser zugeben und bei kleiner Flamme kochen.

Inzwischen den Kopfsalat waschen und in große Stücke schneiden. In Salzwasser ko-

Lammfleisch mit Kartoffeln im Ofen
(arni me patates sto furno)

Eine Portion hat 270 kcal.
Kochzeit 60-70 Minuten.

6-7 Portionen

1 ½	kg Lammfleisch (Schenkel)
1 ½	kg Kartoffeln
1	Tasse Butter oder Öl
2	Zitronen, Salz, Pfeffer

Die Kartoffeln schälen, waschen und in kleine Würfel oder längliche Scheiben schneiden. Mit Salz und Pfeffer würzen, Zitronensaft darübergießen und gut umrühren. Anschließend in eine Backpfanne legen. Das Lammfleisch waschen und abtrocknen. Mit Salz und Pfeffer einreiben und in die Mitte der Backpfanne legen. Die Butter oder Öl und zwei Tassen Wasser zugeben. Das Fleisch im Backrohr zuerst bei verhältnismäßig großer Hitze, später bei schwacher Hitze braten.

Das Fleisch umdrehen, wenn es auf einer Seite Farbe bekommen hat. Insgesamt braucht das Fleisch etwas 1 Stunde und 10 Minuten bis es weich ist.

Veränderung: Das Fleisch an vier oder fünf Stellen einstechen, in die jeweils eine gut gesalzene und gepfefferte Knoblauchzehe gesteckt wird.

chen und abtropfen lassen. Wenn das Fleisch weich ist, den Salat zugeben und einige Male mit dem Fleisch aufkochen lassen.

Den Topf von der Flamme nehmen und die Ei-Zitronen-Soße vorbereiten. Die Eier verquirlen und mit dem Zitronensaft verrühren. Vorsichtig nach und nach 1-2 Löffel der Brühe zugeben. Danach die Soße über das Gericht geben und den Topf etwas schütteln, damit sich die Soße mit dem Gericht vermischt.

Lamm mit Artischocken in Ei-Zitronen-Soße
(arnaki me anginares avgolemono)

Eine Portion hat 720 kcal.
Kochzeit 60 Minuten.

4 Portionen

1	kg Lammfleisch
8	Artischocken
1/2	Tasse Butter
5	frische Zwiebeln, feingeschnitten
1	Bund Dill
2	Eier
2	Zitronen
	Salz, Pfeffer

Das Lammfleisch in Portionen schneiden, waschen und abtrocknen. Das Fleisch mit den Zwiebeln in einem Topf erhitzen und solange umrühren bis es seine Flüssigkeit aufgesogen hat. Dann Butter, Dill, Salz und Pfeffer zugeben und das Fleisch leicht anbraten. Wenn es von allen Seiten gleichmäßig angebräunt ist, 2-3 Tassen Wasser zugeben und das Gericht bei schwacher Flamme kochen.

Von den Artischocken die harten Blätter entfernen, den Stiel bis auf 2 cm abschneiden und die inneren Blätter stark kappen. Die sogenannten Haare mit einem Löffel entfernen. Die Artischocken mit halbierter Zitrone abreiben, damit sie nicht dunkel werden. In Wasser aufbewahren bis das Fleisch

Lammfleisch mit Auberginen
(arnaki me melitzanes)

Eine Portion hat 790 kcal.
Bratzeit 10 Minuten.
Kochzeit 60 Minuten.

5-6 Portionen

1	kg Lammfleisch
1	kg längliche Auberginen
1	große Zwiebel, feingeschnitten
1/2	kg reife Tomaten
1	Tasse Öl, Salz und Pfeffer
	Öl zum Braten

Das Fleisch in Portionen schneiden und waschen. Mit der Zwiebel und dem Öl in einen Topf geben, mit Salz und Pfeffer würzen und das Fleisch unter mehrfachem Wenden von allen Seiten anbraten. Anschließend die geschälten und zerkleinerten Tomaten dazugeben. Etwas Wasser zugießen und das Fleisch kochen. Die Auberginen säubern, waschen und in große, runde Stücke schneiden. Salzen und kurze Zeit abtropfen lassen.

Öl in eine Pfanne geben und die Auberginen leicht anbraten. Wenn das Fleisch fast weich ist, in den Topf geben. Nötigenfalls etwas Wasser nachgießen und das Gericht fetigkochen.

Mit frischgemahlenem Pfeffer servieren.

halb durch ist. Dann mit dem Stiel nach oben in den Topf geben. Salzen und nötigenfalls noch etwas Wasser zugießen.

Wenn das Gericht fertig ist, die Ei-Zitronen-Soße zubereiten. Die Eier verquirlen und mit dem Zitronensaft verrühren. Vorsichtig nach und nach 1-2 Löffel der Brühe zugeben. Danach die Soße über das Gericht geben und den Topf etwas schütteln, damit sich die Soße mit dem Gericht verteilt.

Lammfleisch Juvetsi im Ofen
(arni juvetsi me kritharaki)

Eine Portion hat 820 kcal.
Kochzeit 60 Minuten.

5-6 Portionen

1	kg Lammfleisch (Vorderteil)
5	sehr reife Tomaten
1/2	Tasse Ölbutter
1/2	kg Spaghetti oder andere Teigwaren
	Geriebener Käse, Salz, Pfeffer

Das Lammfleisch in Portionen schneiden und waschen. In eine Backpfanne oder einen Tontopf (Römertopf) legen. Mit Salz und Pfeffer würzen, die geschälten und zerkleinerten Tomaten zugeben. Öl und etwas Wasser zufügen und das Gericht bei nicht sehr großer Hitze im Rohr garen. Kurz bevor das Fleisch weich ist, vier Tassen heißes Wasser und die Nudeln zugeben. Salzen und einmal durchrühren. Bei mittlerer Hitze im Backrohr fertigkochen, dabei einige Male umrühren.

Zum Servieren mit geriebenem Käse bestreuen.

Veränderung: 1. Das Fleisch in fünf kleinen Portionstöpfen zubereiten. Die Nudeln getrennt kochen.
2. Statt Lammfleisch zartes Kalbfleisch verwenden.

Hammelrippchen vom Grill
(paidakia arnisia)

Eine Portion (4 Rippchen) hat 390 kcal.
Grillzeit 30 Minuten.

4-5 Portionen

1   *kg Lammrippchen*
1/2 *Tasse Öl*
2   *große Zitronen*
     Oregano, Salz, Pfeffer

Öl, den Saft einer Zitrone und Oregano verrühren. Die Mischung über die Rippchen gießen und gleichmäßig verteilen.

Die Rippchen zugedeckt zwei Stunden kühl stellen. Dann den Grill vorbereiten und erhitzen. Die Rippchen unter ständigem Umdrehen braten.

Die Rippchen mit Bauernsalat und Pommes frites servieren.

Hammel am Spieß

s. Kap. Festtagsgerichte . . . . S. 118

Innereien im Darm

s. Kap. Festtagsgerichte . . . . S. 120

Fleisch vom Spieß

s. Kap. Festtagsgerichte . . . . S. 123

Spanferkel

s. Kap. Festtagsgerichte . . . . S. 128

Lamm nach Bauernart

s. Kap. Lokale Spezialitäten . . . . S. 132

Das Hackfleisch enthält alle Nähr- und Geschmacksstoffe des Fleisches, sedaß es für zahlreiche Gerichte verwendet wird. Zwar kann jedes Fleisch zu Hackfleisch verarbeitet werden, doch wird für die meisten unserer Rezepte Hackfleisch vom Kalb vorgeschlagen, das in unterschiedlichen Qualitäten angeboten wird. Für das Gelingen eines Gerichtes ist die Qualität des Hackfleischs von entscheidender Bedeutung. Es sollte keine Flachsen und Sehnen enthalten, doch noch wichtiger ist, daß es nicht zuviel Fett enthält. Bei der Zubereitung löst sich das Fett auf und macht eine genaue Berechnung der Menge der Zutaten schwierig.

Es ist eine Besonderheit der Gerichte dieses Kapitels, daß viele Rezepte eine gute Verbindung von tierischen und pflanzlichen Proteinen und den Vitaminen der Gemüse darstellen. So nimmt der Organismus, wenn wir beispielsweise eine Portion Musaka essen, zur gleichen Zeit kleine Mengen von vielen und sehr verschiedenen Nährstoffen auf, denn das Gericht enthält Hackfleisch, Auberginen, Ei, Milch, Käse, Öl etc.

Die Rezepte, die wir Ihnen hier vorstellen, gehören zu den reizvollsten ihrer Art. Sicher begegnen Ihnen auch hier Gerichte, die zu Ihren Lieblingsgerichten werden. Als passende Begleitung zu allen Gerichten, die gekocht (wie Weinblätter oder Fleischbällchen) oder mit heller Soße serviert werden, empfiehlt sich ein leichter Roséwein. Zu den pikanteren Gerichten mit roter Soße (Sudzukakia, Musakas) passen dagegen ein leichter Rotwein oder Retsina.

Fleischküchlein (Frikadellen) gegrillt
(biftekia scharas)

Eine Portion hat 350 kcal.
Grillzeit 20-30 Minuten.

3-4 Portionen

1/2	*kg Hackfleisch vom Rind*
1	*Ei, 1/2 Tasse Semmelbrösel*
2	*Knoblauchzehen, zerkleinert*
1	*kleine Zwiebel*
	feingehackte Petersilie
2	*Eßlöffel Öl*
	Zitronensaft, Salz, Pfeffer

Das Hackfleisch mit den Semmelbröseln, dem Knoblauch und der Zwiebel mischen. Dem Teig das Ei, Öl und Petersilie zufügen, mit Salz und Pfeffer würzen. Den Teig gut durchkneten und runde, flache Fleischküchlein formen. Von beiden Seiten grillen, mit Zitronensaft beträufeln und servieren.

Hackfleischbällchen I
(keftedes I)

Eine Portion (4 normalgroße Fleischbällchen) hat 440 kcal.
Bratzeit 15 Minuten.

10-12 Portionen

1	*kg Hackfleisch vom Kalb oder vom Rind*
2	*feingeschnittene Zwiebeln*
250	*g Brot, eingeweicht*
3-4	*Teelöffel Salz, 2 Eier*
1	*Bund Petersilie, Minze, Pfeffer*

Das Brot gut einweichen und anschließend auspressen. Mit dem Hackfleisch und den anderen Zutaten, der feingeschnittenen Minze und der Petersilie mischen. Die Eier dazugeben und den Teig gut durchkneten bis alle Zutaten gleichmäßig vermischt sind. Den Teig kurze Zeit in den Kühlschrank stellen. Das Öl in einer Pfanne erhitzen, Hackfleischbällchen formen, in Mehl wenden und in einer Pfanne knusprig braun braten.

Fleischbällchen mariniert
(keftedes marinati)

Eine Portion (2 große Fleischbällchen) hat 90 kcal.
Kochzeit 30-40 Minuten.

8-10 Portionen

500	*g nicht sehr mageres Hackfleisch*
2	*geriebene Zwiebeln*
3	*Scheiben Brot (eingeweicht)*
2	*Teelöffel Salz*
	etwas Pfeffer, Oregano
1	*Tasse Öl*
	Essig
3	*gestrichene Eßlöffel Mehl*
1/2	*Tasse Tomatensaft*
1	*Tasse Wasser oder Fleischbrühe*
3	*Zehen Knoblauch*
	Paprika
	Feingehackte Petersilie

Hackfleisch, Zwiebeln, Brot, Salz, 2 Eßlöffel Essig und etwas Oregano vermischen und gut durchkneten. Große Fleischbällchen formen, in Mehl wenden und im Öl (1 Tasse) braten. Danach Öl in einen Behälter abgießen und die Pfanne säubern. 5 Eßlöffel des Bratöls erhitzen und das Mehl zugeben. Umrühren es bis es angebräunt ist. Tomatensaft, Wasser (oder Fleischbrühe), zerkleinerten Knoblauch, drei Eßlöffel Essig und etwas Petersilie zugeben. Die Soße gut durchkochen und damit die Fleischbällchen übergießen.

Fleischbällchen II
als Vorspeise
(keftedes II ja mese)

Eine Portion (4 kleine Fleischbällchen) hat 320 kcal.
Bratzeit 10-15 Minuten.

12-14 Portionen

1	*kg Hackfleisch vom Kalb oder vom Rind*
250	*g Brot, eingeweicht*
2	*Eier, etwas Mehl*
2	*kleingeschnittene Zwiebeln*
3	*kleingeschnittene Knoblauchzehen*
3-4	*Eßlöffel Ouzo*
	Oregano, Salz, Pfeffer

Die Zutaten wie bei dem vorigen Rezept für Fleischbällchen vermischen. Den Teig gut durchkneten und dabei nach und nach den Ouzo zugeben. Den Teig kurze Zeit zugedeckt in den Kühlschrank stellen. Dann die Fleischbällchen formen, in Mehl wenden und in der Pfanne braten. Diese Fleischbällchen sollten klein und kugelrund geformt werden. Sie sind geeignet als Vorspeise.

Veränderung: Nach Belieben der Soße kleingeschnittene Mixed Pickles zugeben.

Hackbraten
(rolo apo kima)

Eine Portion (1 große Scheibe) hat 300 kcal.
Kochzeit 50-60 Minuten.

5-6 Portionen

700	g Hackfleisch
1	Tasse Semmelbrösel
1	kleine Zwiebel, feingeschnitten
	etwas feingeschnittene Sellerie
1/2	Tasse Butter
1	geschlagenes Ei
	Salz, Pfeffer
4	Eßlöffel trockenen Weißwein
2	Tassen Tomatensaft
5	hartgekochte Eier

Aus Hackfleisch, Semmelbröseln, Zwiebel, Sellerie und dem verquirlten Ei einen Teig herstellen. Mit Salz und Pfeffer würzen und gut durchkneten. Den Teig auf einer Alufolie oder auf Ölpapier in viereckiger Form ausbreiten. Die hartgekochten Eier schälen und in einer Reihe in die Mitte des Vierecks legen. Den Hackbraten mit Hilfe der Folie einrollen. Die Butter in einem flachen Topf erhitzen und dann den Braten ohne ihn zu zerbrechen vorsichtig hineinlegen. Unter mehrmaligem Umwenden von allen Seiten anbraten. Wenn er angebräunt ist, den Tomatensaft zugeben, der mit etwas Salz gewürzt wurde. Den Braten bedecken und auf schwacher Flamme garen.

Als Beilage Reis, Pommes frites oder Kartoffelbrei servieren.

Veränderung: Den Hackbraten mit Tomatensaft und der Butter vom Anbraten, der etwas Wasser zugefügt wurde, im Backrohr braten.

Gekochte Fleischbällchen mit Ei-Zitronen-Soße
(juvarlakia avgolemono)

Eine Portion (5 Fleischbällchen mit Soße) hat 370 kcal.

Kochzeit 30 Minuten.

6 Portionen

500	g Hackfleisch
1/2	Tasse Butter
1/4	Tasse Reis
1	Ei
1	mittelgroße Zwiebel, kleingeschnitten
	Petersilie, feingehackt
	Salz
	Pfeffer

für die Ei-Zitronen-Soße:

2-3	Eier
2	Zitronen

Die Zutaten in einer kleinen Schüssel mischen, den Teig gut durchkneten und kleine, runde Bällchen formen. Den Teig eine Stunde im Kühlschrank stehen lassen. Einen Topf nicht ganz bis zur Hälfte mit Wasser füllen und die Butter zugeben. Etwas Salz in das Wasser geben. Wennld das Wasser kocht, die Hackfleischbällchen einzeln ins Wasser legen. Wenn sie weich sind, die Ei-Zitronen-Soße entsprechend dem Rezept zubereiten.

Auberginenauflauf
(musakas)

Eine Portion hat 900 kcal.
Kochzeit 40 Minuten.
Bratzeit 30 Minuten.

Zutaten für eine große Backpfanne

2	kg große, runde Auberginen
1	kg Hackfleisch
1/2	Tasse Öl
2	große Zwiebeln
5	reife Tomaten
1/2	Tasse trockener Weißwein
	Salz, Pfeffer
	geriebener Hartkäse
	Öl zum Braten
2-3	Portionen weiße Bechamelsoße

Die Auberginen säubern, waschen und in große, dünne Scheiben schneiden. Salzen und zum Abtropfen in einen Sieb legen. Das Hackfleisch vorbereiten und mit Öl und den Zwiebeln anbraten. Mit Weißwein löschen. Danach die geschälten und zerkleinerten Tomaten, Salz und Pfeffer zugeben. Die Mischung auf kleiner Flamme kochen bis sie die Flüßigkeit aufgesogen hat.

Öl in einer Pfanne erhitzen und die Auberginen braten. Danach in eine große Backpfanne legen und mit geriebenem Käse bestreuen.

Über dieser ersten Schicht das Hackfleisch verteilen. Die restlichen Auberginen braten und auf das Hackfleisch legen. Darüber geriebenen Käse streuen und mit der Bechamelsoße übergießen, daß der Auflauf von einer dicken Schicht gleichmäßig bedeckt ist.

Damit beim Backen eine schöne Kruste entsteht, die Soße mit geriebenem Käse bestreuen.

Veränderung: 1. Damit sich der Auflauf besser schneiden läßt und die Stücke fester werden, eine Schicht Kartoffeln legen, die in Scheiben geschnitten und wie die Auberginen gebraten wurden.
2. Musakas mit Zucchini
Zubereitung und Zutaten bleiben die gleichen, doch statt der Auberginen werden Zucchini verwendet, die in Scheiben geschnitten und gebraten wurden. Wie die Auberginen in die Backform legen.

Eine Portion hat 750 kcal.

Gefüllte Weißkohlblätter
(lachanodolmades)

Eine Portion (3 gefüllte Blätter) hat 380 kcal.
Kochzeit 40-50 Minuten.

8 Portionen

1	großer Kopf Weißkohl
1/2	kg Hackfleisch
1/2	Tasse Reis
1	Zwiebel, kleingeschnitten
	Salz
	Pfeffer
1	Tasse Butter
2 ½	Eßlöffel Mehl
3	Eier
2	Zitronen

Einen großen Topf leicht gesalzenes Wasser zum Kochen bringen. Inzwischen den Kohl säubern, die äußeren Blätter und den harten Strunk entfernen. Den Kohl waschen, in den Topf geben und 10 Minuten kochen. Aus Hackfleisch, Reis, Salz und Pfeffer einen Teig herstellen und gut durchkneten. Auf jedes Kohlblatt etwa einen Eßlöffel Füllung geben, das Blatt auf beiden Seiten einschlagen und in länglicher Form einrollen.

Die restlichen Kohlblätter auf den Boden eines Topfes legen, dann die gefüllten Kohlblätter kreisförmig nebeneinander legen. Darauf einen möglichst schweren Teller legen, der die gefüllten Kohlblätter zusammenpreßt, damit sie beim Kochen nicht aufgehen. Soviel Wasser zugeben, daß die Kohlblätter bedeckt sind. 60-80 Minuten kochen. Wenn die Kohlblätter weich sind, in eine Schüssel legen und die Soße zubereiten.

Die übrige Butter erhitzen, Mehl zugeben und die Mischung mit einem hölzernen Löffel gut durchrühren. Dann unter ständigem Rühren löffelweise Brühe von den gefüllten Kohlblättern zugeben. Die Soße von der Flamme nehmen und langsam die Mischung aus verquirltem Ei und Zitronensaft zugeben. Die gefüllten Kohlblätter mit der weißen, sauren Soße übergießen und servieren.

Gefüllte Weinblätter in saurer Soße
(dolmadakia me xini saltsa)

Eine Portion (5 gefüllte Weinblätter mit Soße) hat 360 kcal.
Kochzeit 40-50 Minuten.

8 Portionen

1/2	kg Hackfleisch
1/4	kg Weinblätter
1/2	Tasse Reis
1	Zwiebel, feingeschnitten
	feingehackte Petersilie
1/2	Tasse Butter
	Salz, Pfeffer
	weiße, saure Soße

Frische Weinblätter fünf Minuten in kochendes Wasser legen. Weinblätter aus der Dose mit lauwarmen Wasser waschen. Wenn sie nicht weich genug sind, zusätzlich noch 3 Minuten überbrühen. Aus Hackfleisch, Reis, Zwiebeln und der Petersilie eine Mischung herstellen. Mit Salz und Pfeffer würzen. Die Weinblätter mit der glänzenden Seite nach unten legen und auf den Rand jedes Blattes einen Teelöffel der Mischung geben. Die Blätter in länglicher Form einwickeln. Kreisförmig nebeneinander in einen Topf legen, Butter zufügen und mit soviel Wasser auffüllen, daß die Weinblätter ganz bedeckt sind. Einen möglichst schweren Teller darauflegen, damit sie zusammengedrückt werden und beim Kochen nicht aufgehen. Auf mittlerer Flamme kochen.

Mit weißer, saurer Soße anrichten, für die Brühe des Gerichts verwendet wird, und servieren.

Veränderung: Statt der weißen Soße kann auch eine einfache Ei-Zitronen-Soße (s. Kapitel Soßen) verwendet werden.

Nudelauflauf
(pastitsio)

Eine Portion (ein normales Stück) hat 700 kcal.
Backzeit 30-40 Minuten.

Zutaten für eine große Form

1	kg Makkaroni
1	kg Hackfleisch
2	große Zwiebeln, feingeschnitten
2	Tassen zerkleinerte Tomaten
1/2	Tasse Öl, 1 Tasse Butter
10	Tassen Milch
1	Tasse Mehl
8	Eier
3	Tassen geriebener Käse
1/2	Tasse Butter (für die Nudeln)
	Salz, Pfeffer

Das Hackfleisch mit den Zwiebeln und sehr wenig Wasser in einen Topf geben. Auf schwacher Flamme erhitzen und mehrmals umrühren bis die Flüssigkeit aufgesogen ist. Anschließend das Öl zufügen, das Hackfleisch mit Salz und Pfeffer würzen und anbraten. Die Tomaten zugeben und die Mischung auf schwacher Flamme kochen. In einem großen Topf das Nudelwasser aufsetzen. Wenn es kocht, die Nudeln und Salz zugeben. Die Makkaroni nicht zu weich kochen, abseihen und abtropfen lassen. Die halbe Menge Makkaroni in eine eingefettete Auflaufform füllen und mit geriebenem Käse bestreuen. Darüber das Hackfleisch in einer gleichmäßigen Schicht verteilen. Dann die restlichen Nudeln über das Hackfleisch geben, mit geriebenem Käse bestreuen und mit einer halben Tasse Butter bestreichen.

Die Creme (Bechamelsoße) auf folgende Weise zubereiten: 1 Tasse Butter schmelzen. Wenn sie heiß ist, das Mehl zufügen und die Mischung mit einem hölzernen Kochlöffel durchrühren. Danach unter ständigem Umrühren die Milch, den Käse (zwei Eßlöffel zurückbehalten) und etwas Salz zugeben. Wenn die Creme gleichmäßig eingedickt ist, von der Flamme nehmen. Die Eier verquirlen und in die Soße einrühren.

Die Creme gleichmäßig über den Auflauf gießen und mit den restlichen zwei Eßlöffeln

Spaghetti mit Hackfleischsoße
(makaronia me kima)

Eine Portion hat 680 kcal.

4-5 Portionen

1/2	kg Spaghetti
300	g Hackfleisch
1/2	Tasse Öl, 1/2 Tasse Butter
1	Zwiebel, kleingeschnitten
	Geriebener Hartkäse, Salz

Die Soße für das Hackfleisch zubereiten: Zwiebeln und Hackfleisch in einen Topf geben und gut durchmischen. Wenn das Hackfleisch die Flüssigkeit aufgesogen hat, das Öl zugegeben. Das Hackfleisch anbraten und die geschälten und zerkleinerten Tomaten zugeben. Mit Salz und Pfeffer würzen und eine Tasse Wasser zufügen. Das Gericht kochen bis eine dicke Soße entsteht.

Die Spaghetti in einen großen Topf mit viel kochendem Salzwasser geben. Kurze Zeit umrühren. Wenn die Nudeln weich sind, abseihen und abtropfen lassen. In dem Topf die Butter erhitzen. Die Nudeln auf einer Platte servieren, mit dem geriebenen Käse bestreuen und heißer Butter übergießen. Die Hackfleischsoße auf den Nudeln verteilen.

geriebenen Käse bestreuen. Dadurch wird die Kruste der Creme knusprig. Den Auflauf im Backrohr bei mittlerer Hitze 30-40 Minuten backen bis er eine schöne Farbe bekommt. Die Zutaten dieses Rezeptes sind für ein großes Backblech eines elektrischen Herdes berechnet.

Fleischküchlein (Frikadellen) im Ofen mit Kartoffeln
(biftekia furnu me patates)

Eine Portion (2 mittelgroße Fleischküchlein mit 7-8 Kartoffeln) hat 500 kcal.
Backzeit 60 Minuten.

3-4 Portionen

1/2	kg Hackfleisch
1	Ei
1/2	Tasse Semmelbrösel
1/2	Tasse geriebener Käse
1	Eßlöffel Butter
3	Eßlöffel Milch
	Oregano
	Salz, Pfeffer
1/2	Tasse Öl
2	Zitronen
1	kg Kartoffeln

Aus Hackfleisch, Ei, Semmelbröseln, Käse, Butter und Milch einen Teig herstellen, mit Salz, Pfeffer und Oregano würzen. Den Teig sorgfältig durchkneten und Fleischküchlein von mittlerer Größe formen.

Die Kartoffeln schälen und waschen. In Würfel schneiden und in einer Backpfanne verteilen. Die Kartoffeln mit Salz, Pfeffer und etwas Oregano würzen. Den Zitronensaft darüber geben. Die Fleischküchlein nebeneinander in die Mitte der Pfanne legen und mit Öl übergießen. 1-2 Tassen Wasser zufügen. Das Gericht im Backrohr etwa eine Stunde backen. Die Fleischküchlein umdrehen, wenn sie auf einer Seite Farbe bekommen haben.

Hackfleischröllchen
(sudzukakia)

Eine Portion (4 Sudzukakia) hat 420 kcal.
Bratzeit 15 Minuten.
Kochzeit 10-15 Minuten.

10 Portionen

1	kg Hackfleisch
2	Knoblauchzehen, feingehackt oder gepresst
1	Teelöffel Kümmel
1/4	Tasse trockener Weißwein
1	Tasse eingeweichte Semmelbrösel
1	Ei, Salz, Pfeffer
1/4	Tasse Öl
	Mehl und Öl zum Braten

Zutaten für die Soße:

1 ½	Tassen geschälte und zerkleinerte Tomaten
3	Tassen Wasser
1	Teelöffel Butter
	Salz, Pfeffer, Zimt, Kreuzkümmel

Hackfleisch und Zutaten in eine Schüssel geben und gut durchkneten. Aus dem Teig längliche Würstchen formen und in Mehl wenden. Das Öl erhitzen und die Würstchen anbraten. Die Zutaten für die Soße auf kleiner Flamme kochen. Bevor die Soße eindickt, die gebratenen Würstchen hineingeben und auf kleiner Flamme noch 10-15 Minuten kochen.

Auberginen Paputsakia
(melitzanes paputsakia)

Eine Portion (2 Auberginen) hat 110 kcal.
Koch- und Bratzeit 60 Minuten.

8 Portionen

1 ½	*kg mittelgroße, runde Auberginen*
1	*große Zwiebel, kleingeschnitten*
1	*Tasse Öl*
1/2	*kg Hackfleisch*
	Salz, Pfeffer
1/2	*Tasse trockener Weißwein*
	Petersilie, feingehackt
	weiße Bechamelsoße
2	*Eßlöffel geriebenen Käse*

Auberginen waschen und Strünke entfernen. Die Auberginen in der Mitte durchschneiden, das Innere aushöhlen, mit Öl bestreichen und in einer eingeölten Auflaufform anbraten bis sie weich sind. In einer Pfanne das Öl erhitzen und die Zwiebeln anbraten. Wenn sie gelb sind, das Hackfleisch, Salz, Pfeffer, Wein und Petersilie zugeben. Die Mischung auf kleiner Flamme 30 Minuten kochen. Danach die Auberginenhälften mit der Mischung füllen und über das Hackfleisch einen Eßlöffel Bechamelsoße gießen. Geriebenen Käse darüber streuen. Die gefüllten Auberginenhälften im Backrohr bei mittlerer Hitze 30 Minuten backen.

Nach Belieben in die Auflaufform 1 Tasse Tomatensaft und 4 Eßlöffel Öl geben, um das Gericht mit Soße zu servieren.

Veränderung: Nach Wunsch die Auberginenhälften vor der Füllung braten statt im Rohr zu backen. In diesem Fall kein Öl zur Tomatensoße geben.

Gefüllte Zucchini
(kolokithakia jemista)

Eine Portion (2 Zucchini) hat 400 kcal.
Kochzeit 40-45 Minuten.

6 Portionen

1 ½	kg große Zucchini
3/4	kg Hackfleisch
1/2	Tasse Reis
1/2	Tasse Butter
2	mittelgroße Zwiebeln, kleingeschnitten
	kleingehackte Petersilie
	Salz, Pfeffer
	Ei-Zitronen-Soße oder weiße,
	saure Soße

Die Zucchini säubern und waschen. Auf einer Seite eine kleine runde Scheibe abschneiden und mit einem geeigneten Gerät das Innere entnehmen. Hackfleisch, Reis, Zwiebel und Petersilie gut durchmischen. Mit Salz und Pfeffer würzen. Die Zucchini mit dieser Masse füllen. Nicht bis oben füllen, da der Reis aufquillt. Die Zucchini aufrecht in einen Topf stellen, Wasser zugießen bis sie fast bedeckt sind und die Butter zugeben.

Die Brühe des Gerichts zur Herstellung einer Ei-Zitronen-Soße oder einer weißen, sauren Soße benützen (s. Kap. Soßen).

Tomaten gefüllt mit Hackfleisch
(tomates jemistes me kima)

1 Portion (2 mittelgroße Tomaten) hat 820 kcal.
Kochzeit 50-60 Minuten.

5 Portionen

10	Tomaten, 1/2 kg Hackfleisch
1	mittelgroße Zwiebel, feingeschnitten
1	Tasse Butter, 1 Tasse Reis
1	Tasse geriebenen Hartkäse
	Salz, Pfeffer, Mustatnuß

Von den Tomaten die Deckel abschneiden und mit einem kleinen Löffel vorsichtig aushöhlen. Die Kerne und das Mark entfernen. In jede Tomate etwas Salz streuen und mit der Schnittseite nach unten abtropfen lassen. Etwas Butter und die Zwiebel in eine Pfanne geben, das Hackfleisch und das kleingeschnittene Innere der Tomaten (Ohne die Kerne) zugeben und anbraten. Mit Salz und Pfeffer würzen. Dann das verquirlte Ei, Muskatnuß und die halbe Menge Semmelbrösel zugeben. Die Tomaten mit dieser Mischung füllen und mit den restlichen Semmelbröseln bestreuen. Anschließend die Deckel (die abgeschnittenen Scheiben) wieder auf die Tomaten legen. In eine gebutterte Backpfanne setzen und mit der restlichen Butter übergießen.

Veränderung: Nach Wunsch Können die Semmelbrösel der Mischung durch Reis ersetzt werden.

Fische und Meeresfrüchte

   Griechenland heißt aber vor allem: das Meer. Und diese Welt des Meeres verbirgt in ihrer Tiefe einen wirklichen Schatz an Fischen und Meerestieren, von denen viele schließlich auf unseren Tisch kommen. Diese leichtbekömmliche und gesunde Nahrung enthält alle Nährstoffe des Tierreichs und ist zudem überaus reich an Jod, Phosphaten, Magnesium, Kalk sowie den Vitaminen A und D. Diese Fülle an Fischen, die dem menschlichen Organismus so viel bietet, bereitet die griechische Küche mit einer Vielfalt zu, die ganz unterschiedliche Geschmacksrichtungen bietet. Durch diesen Abwechslungsreichtum kann Fisch ein Teil der täglichen Ernährung werden und doch immer reizvoll und nahrhaft sein.

   Entsprechend ihrer Qualität unterscheidet man verschiedene Gruppen von Fischen, wobei der Geschmack, die Herkunft und die Frische der entscheidende Maßstab sind. Die schmackhaftesten Fische bester Qualität, wie etwa Meeräschen oder Meerbarben, haben weißes Fleisch und sind fettarm. Der Thunfisch oder die Sardelle haben dagegen dunkles Fleisch und sind fettreicher, weshalb sie qualitätsmäßig niedriger eingestuft werden. Der Nährwert ist jedoch bei allen Fischen gleich, wichtig sind die Frische und die Art der Zubereitung. Man sollte nicht vergessen, daß ein frischer Fisch festes Fleisch, rote Kiemen und glänzende Augen hat und vor allem nach Meer riecht!

   Als Begleitung zu Fischen und Meeresfrüchten schlagen wir einen trockenen Weißwein mit leichtem Aroma vor. Zu pikanteren Fischgerichten (Fisch a la spetsiota, Oktopus mit Nudeln usw.) werden die Freunde eines kräftigeren Geschmacks Retsina oder einen milden Roséwein bevorzugen.

Stockfisch gebraten
(bakaliaros pastos tiganitos)

Eine Portion (2 Stücke) hat 280 kcal.
Bratzeit 15 Minuten.

4 Portionen

1/2	kg Stockfisch
1	Tasse Mehl
1	Tasse Wasser
1	Ei
	Öl zum Braten und etwas Salz

Den Stockfisch in kleine Stücke schneiden und am Vortag in Wasser legen, das mehrmals gewechselt werden muß. Die Stücke mit lauwarmem Wasser waschen und anschließend Haut und Gräten entfernen.

Aus Mehl, Wasser, Ei und Salz einen dünnflüssigen Teig anrühren. In einer Pfanne ausreichend Öl erhitzen. Die Fischstücke in den Teig tauchen und in der Pfanne braten.

Das Gericht wird heiß mit Knoblauchcreme serviert.

Seezunge gebraten
(glosses tiganites)

Eine Portion hat 290 kcal.
Bratzeit 15 Minuten.

5 Portionen

5	Seezungen von mittlerer Größe
2	Eier
1	Tasse Mehl
1/2	Tasse Butter
	Salz, Pfeffer, Zitrone
	feingehackte Petersilie

Die Seezungen säubern und waschen. Die Haut am Schwanzende einschneiden und in Richtung des Kopfes abziehen. Die Fische dann mit Salz und Pfeffer einreiben.

Die Eier verquirlen und in einer Pfanne die Butter erhitzen. Die Seezungen in das Ei tauchen und dann in Mehl wenden. In der Pfanne von beiden Seiten knusprig braun braten.

Die Fische mit feingehackter Petersilie und Zitronenscheiben servieren.

Meeräsche gebraten
(Barbunia tiganita)

Eine Portion hat 300 kcal.
Bratzeit 15 Minuten.

4-5 Portionen

1   kg Meeräsche
1   Tasse Öl
2   Zitronen
     Mehl
     Salz

Meeräschen sorgfältig säubern und Kiemen, Innereien und Schuppen entfernen. Die Fische salzen und anschließend abtropfen lassen.

In einer Pfanne das Öl erhitzen. Wenn es zu rauchen beginnt, die Hitze vermindern. Die Fische gut in Mehl wenden und in der Pfanne von beiden Seiten knusprig braun braten.

Mit Zitronenscheiben servieren.

Kleine Seefische gebraten
(marides tiganites)

Eine Portion hat 330 kcal.
Kochzeit 15-20 Minuten.

4 Portionen

1/2   kg kleine Seefische
1/2   Tasse Mehl
      Salz, Pfeffer
      Zitrone
      Öl zum Braten

Die Fische gut waschen, doch nicht ausnehmen. Einsalzen und kurze Zeit stehen lassen. In einer tiefen Pfanne ausreichend Öl erhitzen. Die Fische in Mehl wenden, etwas abschütteln und in die Pfanne mit dem rauchenden Öl geben. Wenn sie eine gelbe Farbe bekommen, sind sie fertig. Mit frischgemahlenem Pfeffer und Zitronenscheiben servieren.

Meerbarben vom Grill
(lithrinia sti schara)

Eine Portion (2 Fische) hat 340 kcal.
Grillzeit 30 Minuten.

2-3 Portionen

1	kg Meerbarben
1/2	Tasse Öl
2	Zitronen
	Petersilie, kleingehackt
	Salz, Oregano

Die Fische gut säubern, waschen und salzen. Mit Öl bestreichen und auf den gut erhitzten Grill legen. Mehrmals umdrehen und dabei jeweils wieder mit Öl bestreichen. Wenn sie durch sind, auf eine Platte legen. Aus dem Saft der Zitronen und dem Öl eine Öl-Zitronen-Soße bereiten, die mit Oregano gewürzt wird. Die Fische mit der Soße übergießen, die Platte mit Zitronenscheiben und Petersilie garnieren.

Marinierter Fisch
(psaria marinata)

Eine Portion hat 480 kcal.
Bratzeit 15 + 15 Minuten.

3-4 Portionen

1	kg Fisch
1/2	Tasse Essig
1	Tasse Öl
1	Tasse Wasser
	Rosmarin, etwas Mehl
	Salz, Pfeffer

Den Fisch säubern, salzen und in der Pfanne braten. In einer Pfanne die Marinade vorbereiten. Das Öl erhitzen bis es raucht, Mehl dazugeben und gut durchrühren. Wein, Essig, Salz, Pfeffer und Rosmarin zufügen. Gleich das Wasser zugießen und die Soße stehenlassen. Danach die gebratenen Fische kurze Zeit in dieser Soße kochen und servieren.

Überbackener Fisch
(psari ala spetsiota)

Eine Portion hat 460 kcal.
Kochzeit 40-50 Minuten.

6 Portionen

1 ½	kg Fisch
1	Tasse Öl
1/2	kg Zwiebeln
1 ½	Tassen Tomatensaft
1	Tasse Weißwein
1	Tasse Semmelbrösel
1/2	kg Tomaten, in Scheiben geschnitten
2-3	Zehen Knoblauch
	feingehackte Petersilie
	Salz
	Pfeffer
	etwas Zucker

Den Fisch waschen, in Stücke schneiden, schwach salzen und abtropfen lassen. Die Backpfanne mit Öl bestreichen. Die Fischstücke hineinlegen und mit den in Scheiben geschnittenen Zwiebeln bedecken. Mit Salz und Pfeffer würzen und alle Stücke mit Wein beträufeln. Aus Öl, Tomaten, Zucker, Salz und Pfeffer eine Mischung herstellen und gut durchrühren. Die halbe Menge über den Fisch gießen. Semmelbrösel, Knoblauch und Petersilie vermischen und zur Hälfte über den Fisch geben. Dann das Gericht mit Tomatenscheiben belegen. Darüber die übrige Soße und die restliche Mischung mit den Semmelbröseln geben. Der Fisch wird im Backrohr bei mittlerer Hitze 30-40 Minuten gebacken.

Gefüllte Tintenfische (Kalamares)
(kalamarakia jemista)

Eine Portion (2 mittelgroße Tintenfische) hat 600 kcal.
Kochzeit 45 Minuten.

5-6 Portionen

1 ½   kg große Tintenfische
1   Tasse Reis
1   Tasse Zrüne, kleingeschnittene Zwiebeln
1   Bund Dill, kleingeschnitten
      Tasse Öl, Salz, Pfeffer

   Die Tintenfische säubern, den Zahn (zwischen den Augen), die Augen, harte Teile und Tintenblase entfernen. Sehr gut waschen. Die Saugarme in sehr kleine Stücke schneiden und mit den Zwiebeln in eine Pfanne geben. Wenn sie die Flüssigkeit aufgesogen haben, eine 3/4 Tasse Öl zugeben und mit Salz und Pfeffer würzen. Die Mischung gut durchrühren und unter ständigem Umrühren den Reis zugeben. Eine 1/2 Tasse Wasser zugießen, mit Dill würzen und die Mischung kurze Zeit kochen bis

Oktopus mit Zwiebeln
(chtapodi stifado)

Eine Portion hat 460 kcal.
Kochzeit 50-60 Minuten.

8-10 Portionen

2   kg Oktopus
1 ½   kg kleine Zwiebeln
6   Knoblauchzehen, kleingehackt
8-10 Pfefferkörner
1   große Dose geschälter Tomaten
2   Tassen Öl
1/2   Tasse Rotwein
1/2   Tasse Essig
      Lorbeerblätter, Salz

   Den Oktopus in Stücke schneiden, gut waschen und ohne Wasser in einen Topf geben. Sobald die Flüssigkeit aufgesogen ist, den Essig zugeben. Das Öl zufügen und mit einem hölzernen Kochlöffel umrühren. Anschließend Zwiebeln, Knoblauch, Wein, zerkleinerte Tomaten, Pfeffer und Lorbeerblätter zugeben. Salz nach Belieben. Das Gericht auf kleiner Flamme unter mehrmaligem Umrühren garkochen.

das Wasser aufgesogen ist und nur noch das Öl bleibt.
   Damit die Tintenfische füllen, aber berücksichtigen, daß der Reis beim Kochen aufquillt. Mit einer sauberen, kräftigen Nadel und einem starken Faden die Tintenfische zunähen. In einen flachen Topf legen, das restliche Öl und soviel Wasser zugeben, daß die Tintenfische halb bedeckt sind. Auf kleiner Flamme 45 Minuten kochen bis die Soße eingedickt ist.

Oktopus mit Nudeln
(chtapodi me makaronaki kofto)

Eine Portion (200 g) hat 580 kcal.
Kochzeit 60 Minuten.

5-6 Portionen

1	kg Oktopus
1/2	kg Nudeln
1/2	kg reife, rote Tomaten
1	Tasse Wein
1	große Zwiebel, kleingeschnitten
1 1/2	Tassen Öl, Salz, Pfeffer

Den Oktopus in mittelgroße Stücke schneiden und gut waschen. Ohne weitere Zutaten in einen Topf geben und kochen bis die Flüssigkeit aufgesogen ist. Danach Zwiebel und Öl zugeben. Mit einem hölzernen Kochlöffel umrühren bis die Zwiebeln gelb werden. Den Wein zugießen und anschließend die geschälten und zerkleinerten Tomaten zufügen. Mit Salz und Pfeffer würzen und Wasser zugießen. Wenn der Oktopus weich ist, noch etwas Wasser und die Nudeln zugeben. Die Nudeln weichkochen bis sie die Flüssigkeit aufgesogen haben.

Tintenfisch (Sepia) mit Spinat
(supies me spanaki)

Eine Portion hat 440 kcal.
Kochzeit 50-60 Minuten.

6-7 Portionen

1   kg Tintenfisch
1   kg Spinat
1   Tasse Öl
1/4   Tasse Weißwein
4-5   frische Zwiebeln
1   Bund Dill, Minze, Salz, Pfeffer

Die Tintenfische säubern, Knochen und Tintenblase entfernen. Die Tinte in einen kleinen Behälter füllen, dem 3 Tassen Wasser zugegeben werden. Stehen lassen, damit sich die Tinte absetzt. In einer Pfanne das Öl erhitzen und die kleingeschnittenen Zwiebeln, Dill und Minze zufügen. Danach die kleingeschnittenen Tintenfische zugeben. Mit wenig Salz und mit Pfeffer würzen. Vom Wasser mit der Tinte soviel entnehmen als ohne Umrühren möglich ist, damit nicht Sand und andere Unreinheiten, die sich abgesetzt haben, aufgewirbelt werden. Etwas Wasser mit Tinte in die Pfanne geben und das Gericht kochen lassen. Wenn die Tintenfische fast weich sind, den kleingeschnittenen Spinat zugeben. Nach und nach das übrige Wasser mit Tinte zugießen, bis der Spinat weich ist. Das fertige Gericht mit Weißwein löschen.

Tintenfisch (Sepia) mit Reis
(soupies pilafi)

Eine Portion hat 540 kcal.
Kochzeit 40-50 Minuten.

6-7 Portionen

1   kg Tintenfisch
1   Tasse Öl
1 1/2   Tassen Tomatensaft
2   Tassen Reis
2   feingeschnittene Zwiebeln, Salz, Pfeffer

Von den Tintenfischen behutsam die Tintenblasen entfernen. Die Tinte mit Wasser in einen Behälter geben. Die Tintenfische in Stücke schneiden und gut waschen. Die Zwiebel in Öl anbraten und die Tintenfische zugeben. Den Tomatensaft zugießen, mit Salz und Pfeffer würzen. Das Gericht etwa eine Stunde kochen lassen. Anschließend die Wasser/Tintenmischung über das Gericht gießen, noch mit etwas Wasser ergänzen. Wenn die Flüssigkeit kocht, den Reis zufügen und auf schwacher Flamme weichkochen.

Tintenfisch (Sepia) - Ragout
(soupies jachni)

Eine Portion hat 430 kcal.
Kochzeit 40-50 Minuten.

6 Portionen

1   kg Tintenfisch, 1 Tasse Öl
1   große Zwiebel, kleingeschnitten
1   Tasse trockener Weißwein
1 1/2   Tassen Tomatensaft
    Salz, Pfeffer

Die Tintenfische säubern und in Stücke schneiden. Öl und Zwiebel in einem Topf erhitzen. Wenn die Zwiebel gelb ist, die Tintenfische zugeben. Mit Salz und Pfeffer würzen. Tintenfische mehrmals umrühren und mit dem Wein löschen. Dann den Tomatensaft und soviel Wasser zugießen wie nötig ist, damit die Tintenfische kochen.

Garnelen Juvetsaki
(garides juvetsaki)

Eine Portion hat 490 kcal.
Kochzeit 30-40 Minuten.

6 Portionen

1   *kg große Garnelen*
300 *g Schafskäse*
1   *große Dose geschälte Tomaten*
1   *Bund Petersilie*
2   *Tassen Öl*
2   *feingeschnittene Zwiebeln*
     etwas Oregano, Salz, Pfeffer

Die Zwiebeln mit dem Öl in eine Pfanne geben und anbraten, bis sie gelb werden. Dann die geschälten Tomaten mit einer Gabel etwas zerdrücken und zugeben. Mit Salz und Pfeffer würzen, die Soße kurze Zeit kochen.

Die Garnelen säubern und waschen. In sechs feuerfeste Portionsschüsselchen aus Ton verteilen. Die Soße ebenfalls auf die sechs Schüsselchen verteilen, mit feingehackter Petersilie und Oregano bestreuen. Den Schafskäse in große, rechteckige Würfel schneiden, jeweils einen in jede Portionsschüssel über die Garnelen legen. Das Gericht im Backrohr bei mittlerer Hitze etwa 30-40 Minuten backen.

Garnelen mit Reis
(garides pilafi)

Eine Portion hat 570 kcal.
Kochzeit 30 Minuten.

6 Portionen

1   *kg Garnelen*
2 ½ *Tassen Reis*
1   *Tasse Öl*
1   *große Zwiebel, kleingeschnitten*
1 ½ *Tassen Tomatensaft (oder geschälte und zerkleinerte Tomaten)*
     Salz
     Pfeffer

Die Garnelen säubern und sorgfältig waschen. In Mehl wenden und etwas stehen lassen. Öl und Zwiebel in einem Topf erhitzen und den Tomatensaft zugießen, wenn die Zwiebel gelb wird. Mit Salz und Pfeffer würzen. Diese Soße etwa 10-15 Minuten kochen lassen. Anschließend zwei bis drei Tassen Wasser nachfüllen und den Reis zufügen. Kurz bevor der Reis kocht, die Garnelen zugeben. Etwa 15 Minuten kochen bis die Flüssigkeit aufgesogen ist und der Reis die gewünschte Festigkeit erreicht hat. Das Gericht heiß servieren.

Hummer gekocht mit Zitronensoße
(astakos vrastos me saltsa lemoniu)

Eine Portion hat 260 kcal.
Zubereitungszeit 40-50 Minuten.

4-6 Portionen

1	großer, frische Hummer
1	Bund Sellerie
1	Tasse Öl
2	große Zitronen
	Salz, Weißer Pfeffer

Den Hummer gründlich waschen und mit einem Stückchen Watte die kleine Öffnung im hinteren Teil des Schwanzes verschließen, damit der Hummer sich nicht beim Kochen entleert. Das gleiche tut man, wenn eines der Beine zerbrochen ist. Wenn der Topf, der zur Verfügung steht, nicht groß genug ist, dem Hummer mit einer Schnur den Schwanz in die Mitte binden. In einem Topf das Wasser erhitzen (wenn möglich Meereswasser, sonst Salz zugeben). Die Sellerie im Wasser mitkochen. Den Hummer 40-50 Minuten kochen. Aus dem Topf nehmen und abtropfen lassen. Wenn er abge-

Stockfisch gekocht
(bakaliaros vrastos)

Eine Portion hat 340 kcal.
Kochzeit 30-40 Minuten.

5-6 Portionen

1	kg Stockfisch
6	Kartoffeln
6	Karotten
3	Zwiebeln
1/2	Tasse Öl
2	Zitronen
	Salz

Den Stockfisch am Tag vorher in Wasser legen, das mehrmals gewechselt wird.

Nach Belieben Haut und Gräten entfernen. Die Kartoffeln, Karotten und Zwiebeln mit dem Öl in einem Topf kochen. Kurz bevor sie weich sind, den Stockfisch zugeben. Wenn das Gericht fertig ist, mit Zitronensaft abschmecken.

Zu jeder Portion gehören entsprechend Fisch mit Soße und Gemüse.

kühlt ist, Beine und Schwanz abtrennen. Den Hummer der Länge nach durchschneiden, den Darm in der Mitte entfernen. Mit einem kleinen Löffel die Eier und alle weichen Teile aus dem Schwanz und Kopf nehmen, sammeln und getrennt aufbewahren. Aus den Scheren das Fleisch herausnehmen, in Scheiben schneiden und auf eine Platte legen. Aus dem Öl, dem Saft der Zitronen, dem weißen Pfeffer und den Innereien (Eier) des Hummers eine Soße zubereiten, gut durchrühren und über den Hummer gießen.

Gekochter Fisch mit Gemüse
(psari vrasto me lachanika)

Eine Portion (Fisch mit Gemüse) hat 350 kcal.
Kochzeit 40 Minuten.

4-5 Portionen

1	Fisch (Dorade, Heilbutt oder Schell- fisch) von etwa 1 kg
8	mittelgroße Kartoffeln
6	Karotten
3	Zwiebeln
2	Tomaten
1	Bund Sellerie
1/2	Tasse Öl
	Salz
	Pfeffer

Kartoffeln, Zwiebeln und Karotten schälen und mit der Sellerie in einen Topf mit genügend Wasser geben. Dann das Öl, die geviertelten Tomaten und etwas Salz zugeben. Den Fisch säubern und Schuppen, Innereien und Kiemen entfernen. Mit Salz einreiben und kurze Zeit liegen lassen.

Wenn das Gemüse halb weichgekocht ist, den Fisch zugeben und alles zusammen kochen. Den Fisch gut abtropfen lassen und auf einer länglichen Platte servieren, die ringsum mit dem Gemüse belegt wird. Den Sud durchseihen und entweder mit Zitrone servieren oder für eine Fischsuppe verwenden.

Stockfisch in Tomaten-soße
(bakaliaros plaki)

Eine Portion hat 285 kcal.
Backzeit 60 Minuten.

6 Portionen

1	*Stück Stockfisch (600-700 g)*
1 ½	*kg Kartoffeln, 4 Knoblauchzehen*
1 ½	*Tassen Tomatensaft*
	Oregano, feingehackte Petersilie
1 ½	*Tassen Öl, Salz, Pfeffer*

Den Stockfisch in Stücke schneiden und über Nacht in Wasser stehen lassen. Mit lauwarmem Wasser waschen, Gräten entfernen und Haut abziehen. Die Kartoffeln in Scheiben schneiden, in eine Backpfanne geben. Mit Salz und Pfeffer würzen und mit Petersilie bestreuen. Auf die Kartoffeln den Stockfisch legen und Knoblauch, Oregano, Petersilie, Salz und Pfeffer zugeben. Darüber eine weitere Schicht Kartoffeln legen, auf die wieder Knoblauch, Oregano, Petersilie, Salz und Pfeffer kommt. Danach mit Tomatensaft übergießen und zum Abschluß alles mit Öl beträufeln.

Anchovis mit Tomate
(gavros plaki)

Eine Portion hat 330 kcal.
Backzeit 30-40 Minuten.

3-4 Portionen

1/2	*kg Anchovis*
1/2	*Tasse Öl*
2	*reife Tomaten*
1	*Bund Petersilie*
	Salz
	Pfeffer
	Knoblauch

Fisch säubern, Kopf und Innereien entfernen, waschen. In eine Backpfanne legen und mit Salz und Pfeffer würzen. Die Tomaten schälen und zerkleinern. Knoblauch und Petersilie kleinschneiden und mit den Tomaten in die Backpfanne gegeben. Schließlich das Öl und 1 Tasse Wasser zugeben. Den Fisch im Backrohr bei mittlerer Hitze 40-50 Minuten backen.

Veränderung: Anchovis mit Öl und Oregano. Dann als Zutaten nur Öl, den Saft von zwei Zitronen und Oregano verwenden.

Sarganes in Öl
(sarganes ladorigani)

Eine Portion hat 360 kcal.
Backzeit 40 Minuten.

6-7 Portionen

1	kg Sarganes
1	Tasse Öl
2	Zitronen
	Oregano
	Salz
	Pfeffer

Den Fisch säubern, Innereien entfernen und Nasen abschneiden. Da der Fisch sehr lang ist, in zwei oder drei Stücke schneiden. In eine Backpfanne legen und mit Salz und Pfeffer würzen. Mit dem Saft der Zitronen beträufeln, mit Oregano bestreuen. Das Öl und eine Tasse Wasser zugeben.

Das Gericht im Backrohr bei mittlerer Hitze 40 Minuten backen.

Fischfilet im Backrohr mit Öl und Oregano
(psari feta sto furno ladorigani)

Eine Portion hat 460 kcal.
Backzeit 60 Minuten.

4-6 Portionen

1	kg Fisch (Dorade, Heilbutt oder Schellfisch)
1	kg Kartoffeln
1 ¹/₂	Tassen Öl
2	Zitronen
	Salz, Pfeffer, Oregano

Den Fisch säubern, waschen und in Scheiben schneiden. Kartoffeln schälen und in längliche Scheiben schneiden. Die Fischstücke nebeneinander in die Mitte einer Backfanne legen und mit den Kartoffelscheiben umgeben. Mit Salz und Pfeffer würzen und Oregano bestreuen. Dann das Öl, den Saft der Zitronen und 1 ¹/₂ Tassen Wasser zugeben. Das Gericht im Backrohr 1 Stunde bei mittlerer Hitze backen.

Muscheln gefüllt
(midia jemista)

Eine Portion (5 Muscheln) hat 350 kcal.
Kochzeit 30 Minuten.

8-10 Portionen

1 ½	kg Muscheln
1 ½	Tassen Reis
1	Tasse Öl
2	mittelgroße Zwiebeln, kleingeschnitten
2	Eßlöffel Pinienkerne
	Salz, Pfeffer

Die Muscheln sehr sorgfältig waschen und die Schalen mit einem kleinen Messer säubern bis alle Fermdkörper entfernt sind. Dann die Muscheln in einen Topf mit sehr wenig Wasser geben und erhitzen. Wenn sich die Muscheln öffnen, den Topf vom Herd nehmen und abkühlen lassen. Die Brühe nicht wegschütten! In der Zwischenzeit die Füllung vorbereiten. In einem Topf die halbe Menge Öl erhitzen und die Zwiebeln anbraten bis sie gelb sind. Danach Reis, Pinienkerne, Salz und Pfeffer zugeben. Mehrmals umrühren. Wenn der Reis angebraten ist, den Topf von der Flamme nehmen. Die Füllung abkühlen lassen und anschließend die Muscheln, die sich geöffnet haben, damit füllen und schließen. Die mit Reis gefüllten Muscheln in einen flachen Topf legen. Das restliche Öl und das Wasser zugießen, in dem die Muscheln erhitzt wurden. Bei schwacher Flamme kochen.

Das Gericht kalt servieren.

Oktopus gekocht

s. Kap. Vorspeisen . . . . S. 10

Schwertfisch am Spieß
(xifias souvlaki)

Eine Portion (2 Spießchen) hat 230 kcal.
Bratzeit 20 Minuten.

4-5 Portionen

500	g Schwertfisch
2	feste Tomaten
2	grüne Paprikaschoten
2	Zwiebeln
	Salz, Pfeffer
	Oregano, Öl

Schwertfisch, Tomaten, die Paprika und Zwiebeln in kleine Würfel schneiden. Mit Öl, Oregano, Salz und Pfeffer vermischen. Anschließend alles auf kleine Spieße oder Hölzchen stecken.

Die Spieße auf einem Grill braten und dabei den herabtropfenden Saft sammeln. Vor dem Servieren die Spieße damit übergießen.

Oktopus in Wein

s. Kap. Vorspeisen . . . . S. 11

Muscheln gebraten

s. Kap. Vorspeisen . . . . S. 11

Stockfischkroketten

s. Kap. Vorspeisen . . . . S. 15

Fischsuppe

s. Kap. Suppen . . . . S. 42

Griechische Bouillabaisse

s. Kap. Suppen . . . . S. 42

Gerichte in Öl

Griechenland ist ein Gemüseparadies. Das ganze Jahr hindurch quellen die Märkte über mit ganz verschiedenen, hervorragenden Gemüsen, die durch ihre Farbe, ihre Frische anziehend wirken und durch ihren Geschmack gewinnen. Das Erdreich mit seiner reichhaltigen Zusammensetzung an Nährstoffen und das milde Klima des Landes verleihen ihnen einen einzigartigen Geschmack. In Griechenland ist deshalb Gemüse nicht nur die Ergänzung oder Abrundung einer Mahlzeit, sondern auch ein Hauptgericht. Daß sich aus Gemüse komplette Mahlzeiten zubereiten lassen ist eine Freude für alle Freunde der vegetarischen Küche und auch jene, die für ihre tägliche Ernährung Abwechslung wünschen.

Die griechische Küche kennt eine bemerkenswerte Reihe von Gerichten, die in Öl zubereitet werden. Bohnen, Okra, Auberginen, Zucchini, Paprika, Artischocken werden mit Öl und natürlichen Gewürzen zubereitet, die den schön anzusehenden Gerichten Wohlgeschmack verleihen. Üblicherweise werden die Speisen, die in Öl zubereitet sind, von Schafskäse begleitet, der als Ergänzung hervorragend dazu paßt.

Artischocken mit dicken Bohnen
(anginares me kukia)

Eine Portion hat 370 kcal.
Kochzeit 90 Minuten.

6 Portionen

1	kg dicke Bohnen (frisch)
6	Artischocken
1 ½	Tassen Öl
5	frische Zwiebeln, in Scheiben geschnitten
1	Bund Dill, feingeschnitten
2	Zitronen Salz, Pfeffer

Die dicken Bohnen säubern und die Schalen, wenn sie dick sind, wegwerfen. Danach waschen.

Dann die Artischocken säubern. Die harten Blätter entfernen, den Stiel bis auf 2 cm abschneiden und die inneren Blätter stark kappen. Die sogenannten Haare mit einem Löffel entfernen. Die Artischocken mit halbierter Zitrone abreiben, damit sie nicht dunkel werden. In Wasser aufbewahren.

Die Zwiebeln in Öl erhitzen bis sie gelb sind. Dann den Dill und den Zitronensaft zugeben. Die Soße mit zwei Tassen Wasser auffüllen. Bohnen und Artischocken in den Topf geben. Mit Salz und Pfeffer würzen und etwa eineinhalb Stunden auf mittlerer Flamme kochen.

Artischocken a la Polita
(anginares ala polita)

Eine Portion hat 340 kcal.
Kochzeit 90 Minuten.

6 Portionen

8	*Artischocken*
3	*Zitronen, 6 frische Zwiebeln*
10	*große Zwiebeln*
1/2	*kg kleine Kartoffeln*
1	*Bund Dill, feingeschnitten*
1	*Tasse Öl, Salz, Pfeffer*

Die Artischocken säubern. Harte Blätter entfernen, den Stiel bis auf 2 cm abschneiden und die inneren Blätter stark kappen. Die sogenannten Haare mit einem Löffel entfernen. Die Artischocken mit halbierter Zitrone abreiben, damit sie nicht dunkel werden. In Wasser aufbewahren. Die frischen Zwiebeln kleinschneiden, die anderen Zwiebeln vierteln. Mit den Artischocken und den Kartoffeln in einen Topf geben. Öl, Dill, Salz und Pfeffer zugeben und soviel Wasser zugießen, daß die Artischocken bedeckt sind. Das Gericht ungefähr eineinhalb Stunden kochen bis das Wasser aufgesogen und die Soße eingedickt ist.

Veränderung: Nach Belieben drei Karotten zugeben, die in Scheiben geschnitten wurden.

Artischocken mit Erbsen in Ei-Zitronen-Soße
(anginares me araka avgolemono)

Eine Portion hat 385 kcal.
Kochzeit 60 Minuten.

4 Portionen

8	*Artischocken*
1/2	*kg Erbsen*
6-8	*frische Zwiebeln*
1	*Bund Dill, kleingeschnitten*
1	*Tasse Öl, 2 Eier*
2	*kleine Zitronen, Salz, Pfeffer*

Die Artischocken säubern. Harte Blätter entfernen, den Stiel bis auf 2 cm abschneiden und die inneren Blätter stark kappen. Die sogenannten Haare mit einem Löffel entfernen. Die Artischocken mit halbierter Zitrone abreiben, damit sie nicht dunkel werden. In Wasser aufbewahren. Die frischen Zwiebeln in dünne Scheiben schneiden und mit dem Öl in einem Topf erhitzen bis sie gelb werden. Dann den Zitronensaft, Dill, Artischocken und die gewaschenen Erbsen zugeben. Mit Salz und Pfeffer würzen und die Soße mit zwei Tassen Wasser ergänzen. Das Gericht etwa eineinhalb Stunden kochen bis die Soße eingedickt ist.

Gelbe Erbsen
(fava)

Eine Portion hat 390 kcal.
Kochzeit 65 Minuten.

6-8 Portionen

1/2	kg gelbe Erbsen
1	Zwiebel
1/2	Tasse Öl
	kleingehackte Petersilie
	feingeschnittene Zwiebeln
	Salz, Pfeffer

Die gelben Erbsen waschen und mit soviel Wasser in einen Topf geben, daß sie bedeckt sind. Den Schaum entfernen, der sich bildet bevor das Gericht kocht. Dann die halbierte Zwiebel zugeben. Das Gericht auf kleiner Flamme ungefähr eine Stunde kochen.

Anschließend die gelben Erbsen pürieren und mit der halben Menge des Öls, Salz und Pfeffer auf kleiner Flamme erhitzen. Etwa 5 Minuten umrühren. Das Gericht in einen tiefen Teller geben, mit dem restlichen Öl übergießen. Mit Zwiebeln und Petersilie bestreut servieren.

Auberginen Imam
(melitzanes imam)

Eine Portion hat 340 kcal.
Backzeit 60 Minuten.

6 Portionen

6	runde, mittelgroße Auberginen
5	Zwiebeln
10	Zehen Knoblauch
5	reife Tomaten
1	Bund Petersilie, kleingehackt
2 1/2	Tassen Öl
	Salz
	Pfeffer

Die Auberginen sorgfältig waschen, Stiele entfernen. Dann mit einem Messer der Länge nach einschneiden und salzen. 1½ Tassen Öl in eine Pfanne geben und die Auberginen von allen Seiten anbraten. Danach in eine Backpfanne legen. Dann das restliche Öl in die Bratpfanne geben.

Die Zwiebeln schälen und in große Scheiben schneiden. Den Knoblauch schälen und jede Zehe vierteln. Knoblauch und Zwiebeln in die Pfanne geben und anbraten. Wenn sie gelb sind, die geschälten und zerkleinerten Tomaten, die Petersilie sowie Salz und Pfeffer zugeben. Alle Zutaten kurze Zeit kochen bis die Flüssigkeit eingedickt ist. Mit dieser Mischung die Auberginen füllen. Alles, was in der Pfanne übriggeblieben ist, zu den Auberginen in die Backpfanne geben und 1½ Tassen Wasser zugießen. Etwa 1 Stunde im Backrohr backen.

Auberginen mit Kartoffeln im Topf
(melitzanes me patates katsarolas)

Eine Portion hat 320 kcal.
Kochzeit 40 Minuten.

4-6 Portionen

1	kg Kartoffeln
1	kg längliche Auberginen
2	kleingehackte Zwiebeln
4	rote Tomaten
1	Bund Petersilie, feingehackt
1 ½	Tassen Öl
	Salz, Pfeffer

Die Kartoffeln schälen, waschen, in Würfel schneiden und in Wasser legen. Dann Auberginen säubern, Stiele entfernen und in dicke Scheiben schneiden. Je nach Größe ergibt eine Aubergine 3-5 Stücke. Gut mit Salz einreiben und in einem Sieb abtropfen lassen, damit der bittere Geschmack verschwindet. Die Zwiebeln mit dem Öl in einen Topf geben und anbraten. Wenn sie gelb sind, die geschälten und zerkleinerten Tomaten, Salz, Pfeffer und die Petersilie zugeben. Die Soße einige Male aufkochen lassen und die Kartoffeln und Auberginen zugeben. Gut umrühren.

3-4 Tassen Wasser zugießen und den Topf zudecken. Das Gericht bei kleiner Flamme kochen bis die Kartoffeln weich sind und die Soße eingedickt ist.

Veränderung: Nach Belieben die Auberginen durch Zucchini ersetzen. Es können aber auch weniger Kartoffeln und Auberginen und stattdessen Zucchini verwendet werden.

Kartoffeln im Backrohr mit Öl und Oregano
(patates furnu ladorigani)

Eine Portion hat 400 kcal.
Backzeit 60 Minuten.

6 Portionen

1 ½	kg mittelgroße Kartoffeln
1	Tasse Öl
2	Zitronen, Oregano, Salz, Pfeffer

Die Kartoffeln schälen und gut waschen. In längliche Scheiben schneiden und auf ein Backblech legen. Salz und Pfeffer, Oregano und den Saft der Zitronen zugeben und gut umrühren. Dann das Öl und 3 Tassen Wasser zufügen. Das Gericht im Backrohr etwa eine Stunde backen.

Kartoffeln und Zucchini im Backrohr
(briam me patates ke kolokithakia)

Eine Portion hat 270 kcal.
Backzeit 60 Minuten.

4-6 Portionen

1	kg Kartoffeln
1	kg mittelgroße Zucchini
1/2	kg Tomaten
6	Zehen Knoblauch
1	Bund Petersilie
1 ½	Tassen Öl
	Salz, Pfeffer

Die Kartoffeln schälen, sorgfältig waschen und in runde Scheiben schneiden. Die Zucchini säubern, waschen und in dicke, längliche Scheiben schneiden. In eine mittelgroße Backpfanne eine Schicht Kartoffeln legen und mit Salz und Pfeffer würzen. Auf die Kartoffeln eine Schicht Zucchini legen, ebenfalls mit Salz und Pfeffer würzen. Mit der halben Menge der feingehackten Petersilie bestreuen. Drei Zehen Knoblauch zerkleinern und gleichfalls darüber streuen. Die Tomaten schälen und zerkleinern. Die halbe Menge der Tomaten über die Zucchini gießen. Danach wieder eine Schicht Kartoffeln und ein Schicht Zucchini legen. Die restlichen Zutaten, Knoblauch, Petersilie und Tomate, darübergeben. Mit Salz und Pfeffer würzen, das Gericht mit Öl übergießen. Dann mit 2-3 Tassen Wasser aufgießen und im Backrohr etwa 1 Stunde backen.

Veränderung: Nach Belieben kann die Hälfte der Zucchini durch Auberginen ersetzt werden.

Okragemüse in Öl
(bamies laderes)

Eine Portion hat 180 kcal.
Kochzeit 40 Minuten.

3-4 Portionen

1/2   kg Okra
2   mittelgroße Zwiebeln
3   reife Tomaten
1/2   Tasse Öl
      Salz, Pfeffer, Essig

Die Okra gut waschen. Mit einem scharfen Messer die Spitzen abtrennen ohne die Schoten zu beschädigen, damit der Saft nicht auslaufen kann. Auf einen Teller einen Eßlöffel Salz und drei Löffel Essig geben. Mit dem Kopf jede Okra in diese Mischung tauchen und in den Topf legen.

Dann die Zwiebeln waschen und in dünne Scheiben schneiden, die ebenfalls in den Topf kommen. Die Tomaten schälen, zerkleinern und mit Öl, Salz und Pfeffer in den Topf geben. Zwei Tassen Wasser zugießen und das Gericht auf schwacher Flamme kochen bis die Okra weich sind. Nicht umrühren, da die Okra sonst klebrig werden. Den Topf gelegentlich leicht schütteln.

Reis mit Spinat
(spanakoriso)

Eine Portion hat 240 kcal.
Kochzeit 45 Minuten.

5-6 Portionen

1   kg Spinat
6   frische Zwiebeln
1   Bund Dill, feingeschnitten
1 1/2 Tassen Reis
1   Tasse Öl
       Salz, Pfeffer
       Zitrone

Den Spinat putzen und in Stücke schneiden. Sehr sorgfältig waschen und abtropfen lassen. Die Zwiebeln schälen und in Scheiben schneiden. Mit dem Öl in einem Topf erhitzen und den Dill zugeben, wenn die Zwiebeln gelb sind.

Kurz anbraten und dann den Spinat zugeben. Einige Male umrühren, daß er nicht anliegt. Mit Salz und Pfeffer würzen. 3 Tassen Wasser zugießen und den Reis zugeben. Den Topf zudecken und das Gericht bei mittlerer Hitze unter mehrmaligem Umrühren kochen. Wenn der Reis die Flüssigkeit aufgesogen hat, mit frischgemahlenem Pfeffer und Zitrone servieren.

Gefüllte Tomaten und Paprika
(tomates ke piperies jemistes)

Eine Portion (1 Tomate und 1 Paprika)
hat 420 kcal.
Kochzeit 60 Minuten.

6 Portionen

6	rote, feste Tomaten
6	große, grüne Paprikaschoten
2	Zwiebeln, feingeschnitten
1	Tasse Tomatensaft
1	Bund Petersilie, feingehackt
12	Eßlöffel Reis
1 ½	Tassen Öl
	Salz
	Pfeffer
	Zucker

Tomaten und Paprikaschoten gut waschen. Von den Tomaten die Deckel aufschneiden, aber nicht ganz abschneiden. Mit einem Löffel die Kerne und das Mark entfernen, aufbewahren. Darauf achten, daß man die Tomate nicht durchlöchert. Die Paprikaschoten auf der Stielseite öffnen und einen runden Deckel abschneiden. Das Weiße und die Kerne jeder Schote entfernen und wegwerfen. Die Tomaten und Paprika in eine Auflaufform legen. Dann die Zwiebeln und eine Tasse Öl in einer Pfanne erhitzen. Wenn die Zwiebeln gelb sind, den Reis zugeben und anbraten. In der Zwischenzeit das Innere der Tomaten (ohne die Samenkörner) zerkleinern und den Saft sammeln. Beides zu dem Reis geben.

Mit Salz, Pfeffer und Petersilie würzen. Eine halbe Tasse Wasser zugießen und alle Zutaten kochen bis die Flüssigkeit fast ,aufge-

sogen ist. Dann die Pfanne von der Flamme nehmen. In jede Tomate und jede Paprikaschote einen halben Teelöffel Zucker geben, dann mit dem Reis nicht ganz bis oben füllen, da der Reis aufquillt. Einen Eßlöffel Wasser und einen halben Teelöffel Zucker zugeben. Tomaten und Paprikaschoten mit ihren Deckeln schließen. In die Backpfanne eine Tasse Tomatensaft und eine halbe Tasse Öl geben. Mit Salz und Pfeffer würzen.

Das Gericht wird im Backrohr ungefähr eine Stunde gebacken.

Veränderung: Nach Wunsch können auch Kartoffelscheiben zwischen die Tomaten und Paprika gelegt werden.

Kartoffeln mit Tomaten im Backrohr
(patates jachni)

Eine Portion hat 450 kcal.
Kochzeit 30 Minuten.

6 Portionen

1 ½	kg kleine, runde Kartoffeln
1	große Zwiebel
3	reife, rote Tomaten
1	Tasse Öl
	Salz
	Pfeffer

Kartoffeln schälen und waschen. Die kleinen Kartoffeln ganz lassen, die größeren halbieren. Die Zwiebel kleinschneiden und in einem Topf mit dem Öl anbraten.

Dann die geschälten und zerkleinerten Tomaten zugeben. Mit Salz und Pfeffer würzen. Die Soße mehrmals aufkochen, die Kartoffeln zugeben. Die Kartoffeln gut mit der Soße vermischen und 3 Tassen Wasser zugießen. Das Gericht kochen bis die Kartoffeln weich sind und die Soße eingedickt ist.

Grüne Bohnen in Öl
(fasolakia prasina ladera)

Eine Portion hat 370 kcal.
Kochzeit 30-40 Minuten.

4 Portionen

1	kg frische Bohnen
1	große Zwiebel
3	rote Tomaten
1	Tasse Öl
	Salz
	Pfeffer

Wenn die Bohnen rund sind, nur die Spitzen entfernen. Bei flachen Bohnen den Faden ringsum entfernen.

Die Bohnen sorgfältig waschen und mit der in dünne Scheiben geschnittenen Zwiebel in einen Topf geben. Eine halbe Tasse Wasser zugießen und andünsten. Dann das Öl und die geschälten und zerkleinerten Tomaten zugeben.

Mit Salz und Pfeffer würzen, 2 Tassen Wasser zugießen und kochen bis die Bohnen weich sind.

Veränderung: Nach Wunsch in große Würfel geschnittene Tomaten in den Topf geben, wenn die Bohnen halb durch sind.

Festtagsgerichte

In Griechenland gibt es wahrscheinlich jeden Tag irgendwo ein Fest. Es gibt so viele religiöse und traditionelle Feirtage, die bis heute gefeiert werden, daß es unmöglich ist, sie alle zu erwähnen.

In den Städten und vor allem in den Dörfern finden immer wieder Kirchenfeste und malerische örtliche Feste statt, die einen Besuch lohnen. Hier sollen nur die bedeutendsten erwähnt werden, die mit der gleichen Begeisterung in allen Teilen des Landes gefeiert werden. Natürlich gehören zu den Vorbereitungen auf die Feiertage auch die Vorbereitungen für das Festessen.

Karneval - Rosenmontag

Vor Beginn der Osterzeit, die eine Zeit des Fastens und der Vorbereitung auf das Osterfest ist, herrschen im griechischen Feiertagskalender drei Wochen der Festesfreude. Es sind die Wochen des Karneval. An diesen Tagen gibt es überall Tanzunterhaltungen und fröhliche Festessen. In den verschiedenen Landesteilen Griechenlands feiert man diese Tage ganz unterschiedlich. Verkleidungen, lustige Umzüge, kühner Spott, Tanz und viele Getränke erinnern an die antiken Dionysosfeste. Das für die Karnevalszeit besonders typische Gericht, das Spanferkel, wird am Spieß zubereitet, gebraten oder im Topf mit Tomatensoße und Nudeln und Käse gekocht. Jedoch trifft man in der Karnevalszeit alle pikanten Fleischgerichte und alle Vorspeisen, die zum Wein passen. Was bei einem solchen Fest aber nicht fehlen darf, sind viel Wein und gute Stimmung.

Auf den letzten Sonntag des Karnevals folgt Kathari Deftera (Rosenmontag), der erste Tag der Fastenzeit. Die Bezeichnung "Kathari" (sauber) erhielt dieser Tag, weil früher die Hausfrauen am Morgen dieses Tages alle Töpfe und Teller wuschen und die Küche von den Spuren des Karnevals säuberten. Die Vorbereitungen auf die Fastenzeit werden getroffen. In Gruppen gehen Familien und Freunde ins Freie, auf einen Berg oder an das Meer.
Gerichte der Fastenzeit werden gereicht: viele rohe Salate (Kopfsalat, frischen Zwiebeln, Radieschen usw.), Meeresfrüchte (Muscheln, Krebse, Garnelen, Austern usw.), Oliven, eingelegte Gemüse, Fischrogensalat, Chalva, Bohnen und gekochte Kartoffeln. Das wichtigste an diesem Tag ist aber die "Lagana", ein Brot, das in allen Bäckereien nur für diesen Tag gebacken wird.
Es hat eine längliche Form mit runden Ecken, ist ziemlich flach und mit viel Sesam bestreut.

Die Kinder lassen wie jedes Jahr mit Begeisterung ihre Drachen steigen und der Ausflug mit fröhlicher Gesellschaft und Wein endet vor dem Hintergrund der Natur in einer Stimmung, die viel höher steigt als die bunten Drachen der Kinder.

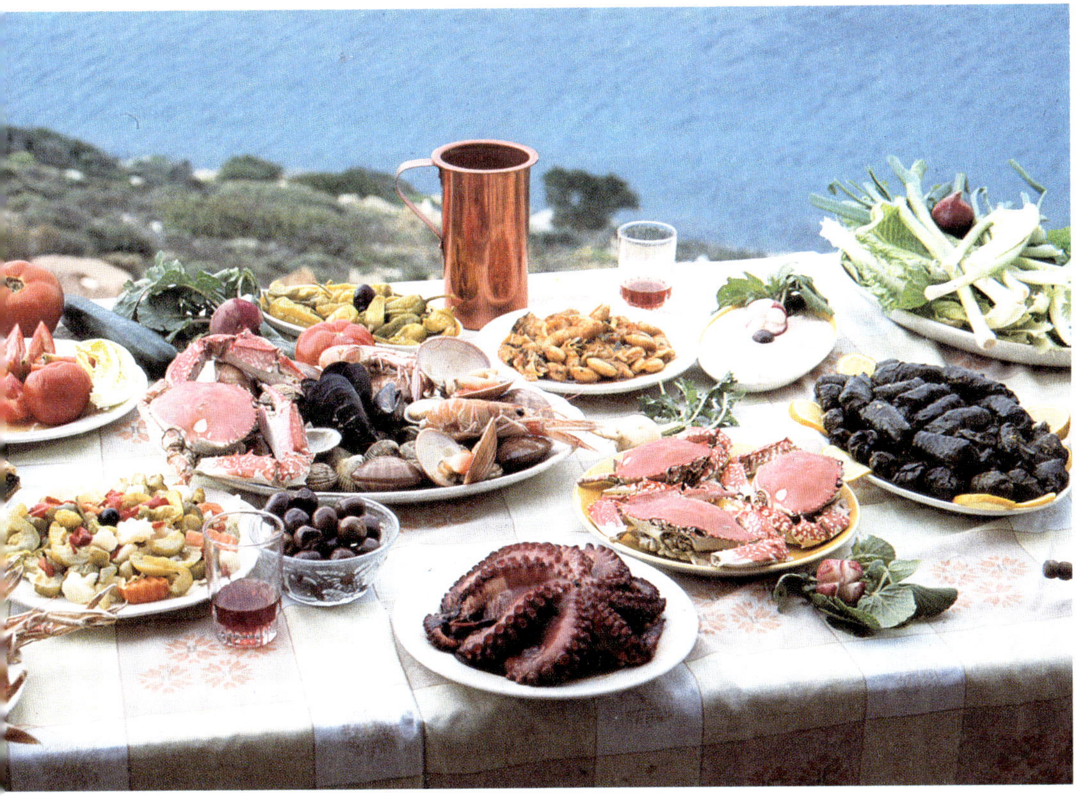

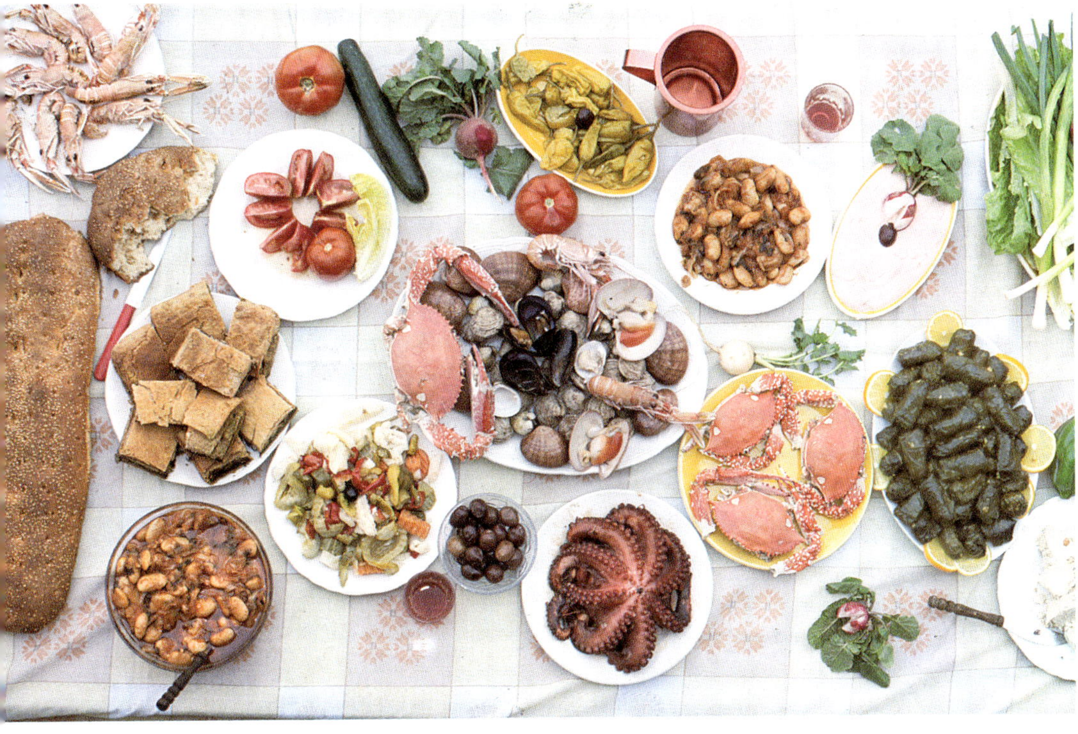

Ostern

Das wichtigste und schönste Fest in Griechenland ist Ostern. Es ist begleitet von den Düften des Frühlings, der grünenden Landschaft und den blühenden Blumen.

Die Vorbereitungen auf das Osterfest beginnen in jeder Familie zu Beginn der Karwoche, wobei die roten Eier der Auferstehung und die traditionelle Ostersuppe für jede Hausfrau eine große Rolle spielen. Vorbereitungen auf Ostern heißt auch, daß die Wohnung gesäubert und geschmückt wird, daß Plätzchen und der Hefezopf gebacken werden, daß man die Eier rot färbt. An den Abenden in der Karwoche sind die Kirchen voller Menschen, die den täglichen Gottesdienst besuchen. In der Nacht von Karsamstag zu Ostersonntag läuten um Mitternacht die Glocken und die Gläubigen feiern mit brennenden Kerzen die Auferstehung. In der Osternacht wird die Majiritsa, die Ostersuppe, gegessen, man stößt die roten Ostereier aufeinander und alle wiederholen die Lehre des Christentums: "Christus ist auferstanden."

Am Ostersonntag selbst ist das wichtigste Gericht der Hammel am Spieß. Im Freien und in den Gärten der Häuser werden die Hammel und das Kokoretsi (Darm) am Spieß über den Kohlen gedreht und langsam gegrillt. Ganz Griechenland riecht an diesem Tag nach Hammelbraten.

Auf den folgenden Seiten haben wir die schönsten Gerichte des griechischen Osterfestes zusammengestellt. Alle diese Speisen werden begleitet von vielen grünen Salaten (besonders von Kopfsalat, der der Salat dieser Jahreszeit ist) und viel Rotwein oder Retsina. Wem sich jemals die Gelegenheit bietet, ein griechisches Osterfest im Freien zu feiern, sollte es tun, denn dies bedeutet Musik und Tanz, Gesang und Stimmung vor dem Feuer, an dem sich der Braten langsam dreht.

Hammel am Spieß
(arni suvlas)

Eine Portion (ohne Haut) hat 315 kcal.
Eine Portion (mit Haut) hat 380 kcal.
Grillzeit etwa 3 Stunden.

1   Hammel von 8-9 kg
     Butter, Öl
     Saft von 2-3 Zitronen
     Salz
     Pfeffer

Aus dem Hammel die Innereien, die Zunge und dem Darm entfernen. Den Hammel waschen, abtrocknen und innen mit Salz und Pfeffer einreiben. Vorsichtig auf den Spieß stecken und darauf achten, daß die Wirbelsäule parallel zum Spieß verläuft und auf ihm aufliegt. Mit einem dünnen Draht oder einer festen Schnur den Brustkorb auf den Spieß binden, auch die Läufe gut festbinden. Den Bauch mit einer dicken Nadel zunähen. Das ganze Tier mit Butter und Zitronensaft bestreichen und gut mit Salz und Pfeffer einreiben.

Die Kohlen des Grills anzünden, warten bis die Flammen verschwunden sind und die Kohlen glühen. Den Spieß über die glühenden Kohlen bringen und zuerst schnell, später langsamer drehen. Daneben einen tiefen Teller mit Öl und Zitrone stellen. Mit einem Pinsel oder einen Bausch aus sauberem Stoff immer wieder den Hammel bestreichen bis er von allen Seiten braun und seine Haut knusprig gebraten ist.

Innereien im Darm
(kokoretsi)

Eine Portion hat 320 kcal.
Grillzeit 2-3 Stunden.

1   kg Leber
1   kg Lunge
2   Hammeldärme
     Hammelfett
     Salz, Pfeffer, Oregano

Die Därme gut waschen und die Innenseite nach außen wenden. Die Innereien ebenfalls waschen und in Stücke schneiden. Reichlich Salz, Pfeffer und Oregano zugeben. Abwechselnd auf den Spieß die Leber- und Lungenstücke und dazwischen ab und zu ein Stück Fett stecken. Das Ganze so fest als möglich mit den Därmen umwickeln und immer wieder Schleifen und Knoten machen, damit alles festhält. Mit Salz und Pfeffer einreiben. Den Spieß mehrere Stunden aufrecht stehen lassen, damit er abtropfen kann. Dann das Gericht über dem Kohlenfeuer braten. Den Spieß anfangs schnell, später langsamer drehen bis alles durch ist.

Ostersuppe
(majiritsa)

Eine Portion hat 520 kcal.
Kochzeit 80 Minuten.

8-9 Portionen

1	Hammelleber von etwa 1 kg
1/2	kg frische Zwiebeln
1	Bund Dill
2	Eßlöffel Butter
3	Eier
3	Zitronensaft
	Salz, Pfeffer

Die Leber ganz kochen, dabei den Schaum abschöpfen. Salzen und kurze Zeit kochen lassen. Dann aus dem Wasser nehmen. Den Sud aufheben, die Leber in kleine Stücke schneiden. Den Sud abseihen und in einen großen Topf geben. Die Zwiebeln in kleine Scheiben schneiden, den Dill kleinschneiden und in den Sud geben. Wenn er kocht, den Reis zugeben. Dann die Ei-Zitronen-Soße vorbereiten. Die Eier gut verquirlen, langsam den Zitronensaft zugeben. Mit einem Eßlöffel Brühe von der Suppe nehmen und langsam in die Soße rühren. Nachdem mehrere Löffel von der Suppe unter ständigem Umrührem zugegeben wurden, die Soße unter ständigem Umrühren in die Suppe einrühren. Mit frischgemahlenem Pfeffer servieren.

Fleisch vom Spieß
(kondosuvli)

Eine Portion hat 330 kcal.
Grillzeit 2-3 Stunden.

2	kg Hammel- oder Schweinefleisch
	Salz, Pfeffer
2	Eßlöffel Oregano
	Geriebene Zwiebel

Das Fleisch in Scheiben schneiden (etwa 30 g das Stück), Knochen entfernen. In einer Schüssel das Fleisch mit den Zwiebeln, dem Oregano, dem Salz und dem Pfeffer mischen. Die Schüssel zudecken und einen Tag im Kühlschrank stehenlassen.

Die Fleischstücke auf einen kleinen Spieß stecken und über Holzkohle grillen.

Osterkringel
(kulurakia paschalina)

Ein Plätzchen hat 90 kcal.
Backzeit 20 Minuten.

1	kg Mehl
6	Eier
1	Tasse Butter
	Vanillezucker
2	Löffel Ammoniak
300	g Zucker
1/3	Tasse Milch
1	verquirltes Ei für die Glasur

Das Mehl in eine Schüssel geben und in der Mitte eine Mulde eintiefen. Die geschmolzene Butter hineingießen. Sobald sie abgekühlt ist, das Mehl und die Butter mit der Hand vermischen. Eigelb und Eiweiß der Eier trennen. Das Eigelb mit Zucker verquirlen, das Eiweiß schaumig schlagen. In der Mehl-Butter Mischung wieder eine kleine Mulde eintiefen und das Eigelb mit dem Zucker und das geschlagene Eiweiß hineingeben. Dann die lauwarme Milch, in der Ammoniak aufgelöst wurde, und den Vanillezucker zugeben. Alle Zutaten gut durchrühren bis ein weicher Teig entsteht. Kringel in verschiedenen Formen auf ein gebuttertes Backblech in großen Abständen legen, da sie aufgehen. Die Kringel mit Ei bestreichen und im Backrohr bei mittlerer Hitze 20 Minuten backen.

Osterbrot
(tsurekia)

Eine große Scheibe hat 200 kcal.
Backzeit 45 Minuten.

1 ½	kg	Mehl
400	g	Zucker
320	g	Butter
100	g	Hefe
230	g	Milch
8		Eier
1		Teelöffel Mastix
1/2		Teelöffel Anissamen

      *Geschälte, angebratene und
zerkleinerte Mandeln*

Die Hefe in etwas lauwarmer Milch auflösen und etwas Mehl (3-4 Eßlöffel) zugeben. Die Hefe an einem warmen Platz gehen lassen. Danach das Mehl in eine Schüssel geben, eine kleine Mulde eintiefen und die Hefe hineingeben. In einen Topf die restliche Milch, Zucker, Eier, Anissamen und 250 g Butter geben. Die Zutaten erhitzen und gut umrühren. Die Hälfte der Milch mit den Zutaten über das Mehl gießen und den Teig gut durchkneten. Die übrige Butter schmelzen und griffbereit stellen. Die restlichen Zutaten zum Teig geben und kneten. Dabei die Hände immer wieder mit der Butter einfetten. Der Teig soll weder zu dick noch zu dünn sein. Vielleicht muß auch noch etwas Mehl zugegeben werden. Den Teig zugedeckt warm stellen und gehen lassen. Wenn er aufgegangen ist, ist er zur Verarbeitung fertig. Das Osterbrot als Zopf formen, mit verquirltem Ei bestreichen und mit geriebenen Mandeln und dem restlichen Mastix bestreuen. Als Schmuck des Zopfes ein hartgekochtes und gefärbtes Ei in den Teig drücken. Im Backrohr 45 Minuten backen.

Weihnachten und Neujahr

In Griechenland wird Weihnachten in jeder Familie mit vielen tradtionellen Bräuchen gefeiert. Das Haus wird geschmückt, der Christbaum wird aufgestellt und geschmückt. Plätzchen und die Vasilopita -das Neujahrsbrot- werden gebacken. In diesen Tagen kommen fast alle Erzeugnisse der Erde auf den Tisch: Obst, Mandeln, Nüsse, getrocknete Feigen, Rosinen und vieles andere.

In allen Konditoreien werden große Mengen von süßem Gebäck hergestellt, um die zu versorgen, denen der Rhythmus der täglichen Lebens keine Zeit läßt, selbst zu backen. Bei dem weihnachtlichen Festessen spielt der Truthahn die Hauptrolle, doch nimmt in vielen Teilen Griechenlands das Spanferkel seine Stelle ein, das traditionellerweise speziell für diese Gelegenheit aufgezogen wurde. Doch abgesehen von diesem Hauptgericht wird die Tafel mit ausgesuchten Vorspeisen gefüllt, die ein guter Wein begleitet. Beendet wird das Mahl mit Leckereien und Süßigkeiten.

Am Sylvesterabend ist das Haus wiederum für ein Fest vorbereitet: den Empfang des Neuen Jahres. Der Tisch wird mit großer Sorgfalt hergerichtet. Alle wünschen sich Glück.

Das Neujahrsbrot mit dem Glücksbringer wird angeschnitten. Wer ihn in seinem Stück hat, gilt als der Glückspilz des Jahres.

Weihnachtssuppe
(supa christujeniatiki)

Eine Portion hat 400 kcal.
Kochzeit 2 Stunden und 20 Minuten.

8-10 Portionen

250	g Truthahnfleisch
250	g Rindfleisch
250	g Lammfleisch
250	g Schweinefleisch
1 1/2	Tassen Reis
3	Eier
3	Zitronen,
	Salz
	Pfeffer

Das Fleisch kochen und den Schaum abschöpfen, der sich beim Kochen bildet. Mit Salz würzen und die Hitze verringern. Etwa 2 Stunden auf kleiner Flamme kochen. Die Brühe abseihen, erneut im Topf aufkochen und den Reis zugeben. Wenn der Reis kocht, die Ei-Zitronen-Soße vorbereiten. Die Eier gut verquirlen und langsam den Zitronensaft einrühren. Mit einem Eßlöffel Brühe nehmen und vorsichtig einrühren. Die Suppe von der Flamme nehmen und die Soße zugeben. Mit frischgemahlenem Pfeffer servieren.

Gefüllter Truthahn
(galopula jemisti)

Eine Portion (Fleisch und einige Kartoffeln) hat 790 kcal.
Bratzeit 3 Stunden.

12-14 Portionen

1	Truthahn, bis zu 3 kg schwer
300	g Hackfleisch
1/2	Tasse Reis
1/3	Tasse Pinienkerne
1	Zwiebel, kleingeschnitten
1	Tasse Weißwein
1 1/2	Tassen Butter
3	Zitronen
	Salz
	Pfeffer
2	kg Kartoffeln

Den Truthahn säubern und waschen. Innen und außen mit Zitronensaft einreiben. Dann die Füllung zubereiten. Hackfleisch und Zwiebel in einer Pfanne erhitzen bis die Flüssigkeit aufgesogen ist. Dann die halbe Menge Butter zugeben und anbraten. Salz, Pfeffer, Pinienkerne und Reis zugeben. Umrühren und Wein zugießen. Wenn er aufgesogen ist, eine halbe Tasse Wasser nachgießen und die Mischung kurze Zeit kochen. Den Truthahn damit füllen. Mit Nadel und Faden zunähen, mit Salz und Pfeffer einreiben und mit Butter bestreichen. Die Kartoffeln schälen, waschen und in Scheiben schneiden. In die Backpfanne rings um den Truthahn legen.

Spanferkel am Spieß
(gurunopulo sti suvla)

Eine Portion hat 390 kcal.
Bratzeit 3 Stunden.

1	kleines Spanferkel
	Salz, Pfeffer
1	Tasse Öl
2	Zitronen

Die Haare entfernen und das Spanferkel gut waschen. Vorsichtig auf den Spieß stecken und darauf achten, daß die Wirbelsäule parallel zum Spieß verläuft. Mit Zitrone und Salz und Pfeffer einreiben. Die Beine strecken und am Spieß festbinden. Den Bauch mit Nadel und Faden zunähen (die Innereien wurden entfernt). Ein bis zwei Stunden den Spieß aufrecht stehen lassen, damit das Spanferkel abtropft und trocknet. Danach Feuer entzünden. Sobald die Kohlen glühen, den Spieß zuerst schnell, später langsam drehen. Immer wieder mit einer Mischung aus Öl und Zitrone bestreichen, damit die Haut knusprig wird.

Mandelgebäck
(kurabiedes)

Eine Plätzchen hat 115 kcal.
Backzeit 30-35 Minuten.

1	kg Mehl (oder 1 kg und 280 g)
640	g Butter
1/4	kg geschälte Mandeln, angebraten und gerieben
2	Eidotter
150	g Zucker
2	Teelöffel Backpulver
3/4	Tasse Wasser
	Rosenwasser
5	Eßlöffel Weinbrand
1/2	kg Puderzucker

Die Butter schaumig rühren, Eigelb, Zucker, Wasser, Mandeln, Mehl und Backpulver zugeben und rasch verkneten. Einen dicken, aber leicht formbaren Teig herstellen. Aus dem Teig flache Bällchen oder Hörnchen formen. Auf ein Backblech legen, das nicht eingefettet wurde. Im Backrohr 30-35 Minuten backen.

Aus dem Ofen nehmen und auf ein großes Backblech legen, mit Rosenwasser beträufeln und dick mit Puderzucker bestreuen. Wenn sie abgekühlt und getrocknet sind, auf einer Platte anordnen.

Honiggebäck
(melomakarona)

Ein Plätzchen hat 95 kcal.
Backzeit 30-35 Minuten.

1	Tasse Butter
1	Tasse leichtes Olivenöl
1	kg Mehl, das leicht aufgeht
1	Tasse Zucker
1	Teelöffel Zimt
1/2	Teelöffel geriebene Nelken
	geriebene Orangenschalen von
	2 Orangen
1	Teelöffel Soda
1	fettes Joghurt
1	Tasse zerkleinerte Walnüsse

Für den Sirup:

2	Gläser Zucker
3	Gläser Wasser
3	Gläser Honig
	Saft einer Zitrone
	Walnüsse und Zimt zum Bestreuen

Butter schaumig rühren, Öl einrühren und dann Zucker, Zimt, Nelken, geriebene Orangenschalen, Soda und Joghurt zugeben. Gut durchkneten und dem Teig die Nüsse zufügen. Längliche Plätzchen formen und backen bis sie Farbe bekommen. Nicht zu große Plätzchen formen und auf dem Backblech nicht zu eng nebeneinander legen, da sie stark aufgehen. Wenn sie abgekühlt sind, den Sirup vorbereiten. Das Wasser und den Zucker 10 Minuten in einem Topf kochen, anschließend den Honig zugeben. Wenn der Sirup kocht, Plätzchen nebeneinander in den Topf legen (nur eine Lage). Nach einer Minute herausnehmen und auf ein Backblech legen. Wenn alle Plätzchen auf diese Weise einmal behandelt wurden, den Sirup mit 1½ Tassen Wasser ergänzen. Sobald er wieder kocht, 3-4 Plätzchen auf einen Schaumlöffel legen und wieder für eine Minute eintauchen. Auf eine Platte legen und mit Zimt und geriebenen Walnüssen bestreuen.

Neujahrskuchen
(vasilopita)

Ein Stück hat 260 kcal.
Backzeit 60 Minuten.

500	g Butter
500	g Zucker
1 ½	lauwarme Milch
15	g geriebene Mastix
1 ½	kg Mehl
1	Tasse Wasser, in der Anissamen
	gekocht wurde
5	Eier
50	g Hefe
	Etwas Salz, ein Ei für die Glasur
	Sesam

Das Mehl in eine Schüssel geben und eine kleine Mulde eintiefen. Eier, Butter, Zucker, Milch, Mastix, Aniswasser, Salz und Hefe hineingeben. Alles gut durchkneten und einen normalen Teig herstellen. Falls er zu dick werden sollte, mit etwas lauwarmer Milch verdünnen. Den Teig mit einem sauberen Tuch zudecken und an einem warmen Ort gehen lassen. Anschließend noch einmal gut durchkneten und in eine eingefette Backform geben, mit dem verquirlten Ei bestreichen und mit Sesam bestreuen.

Im Backrohr eine Stunde backen, zuerst bei größter Hitze, bis der Kuchen Farbe bekommt, dann bei schwacher Hitze.

Jeder Ort, den wir kennenlernen bleibt uns mit einer Reihe von Eindrücken in Erinnerung. Sein Bild ist verbunden mit Geräuschen, Farben, Gerüchen und sogar Geschmacksempfindungen. Der Geschmack eines Gerichtes weckt Erinnerungen an einen Ort nicht nur, weil er traditionell damit verbunden ist, sondern weil es auch nicht leicht ist, ihn anderswo zu erleben. Manche dieser Spezialitäten wurden so beliebt, daß sie von vielen gekocht werden und auf den Speisekarten berühmter Lokale erscheinen.

Wir entschlossen uns deshalb hier eine Reihe von typischen, lokalen Spezialitäten verschiedener griechischer Landschaften zusammenzustellen, von denen Sie manche vielleicht schon kennen. Wenn sie schöne Erinnerungen an einen Ort haben, der hier durch ein Gericht vertreten ist, dann werden sie diese sicher von neuem erleben.

Lamm nach Bauernart (Mittelgriechenland)
(arni exochiko)

Eine Portion hat 710 kcal.
Kochzeit 60 Minuten.

5 Portionen

1	kg Lammfleisch (Keule)
1	Tasse Butter
10	kleine Kartoffeln
5	ganze Zwiebeln
5	Zehen Knoblauch
1/2	Tasse geriebener Hartkäse
5	Stücke Schafskäse
5	Blätter Strudelteig
	Pfeffer, Oregano, Salz, Öl

Das Fleisch in 5 Portionen schneiden, mit etwas Butter zusammen den Zwiebeln und den Kartoffeln in einem kleinen Topf leicht anbraten. Die Strudelteigblätter mit Butter bestreichen und in jedes ein Stück Fleisch, 1 Knoblauchzehe, 2 Kartoffeln, 1 Zwiebel, 1 Stück Käse und Oregano geben. Zu jeder Portion etwas Butter zugeben, den Teig einschlagen und in längliche Päckchen einrollen. Eine Backpfanne einölen, die Pakete von außen mit Butter bestreichen und die Pfanne mit Alufolie bedecken. Im Backrohr bei mittlerer Hitze etwa eine Stunde garen.

Zucchiniblüten gebacken (Andros)
(kolokitholuluda tiganita)

Eine Portion hat 280 kcal.
Bratzeit 15-20 Minuten.

6 Portionen

12	Zucchiniblüten
3	Eier
5	Löffel Mehl
1/2	Tasse geriebener Käse
	Salz
	Öl zum Braten

Die Blüten waschen und kleinschneiden. Die Eier verquirlen und mit den Zucchiniblüten, dem Käse und dem Mehl mischen. Salzen und das Wasser zufügen. Wenn das Öl in der Pfanne raucht, die Mischung löffelweise in die Pfanne geben und von beiden Seiten knusprig braten.

Patatu (Tinos)
(patatu)

Eine Portion hat 320 kcal.
Kochzeit 60 Minuten.

8-10 Portionen

1	kg Kartoffeln
4	geschlagene Eier
1	Tasse geriebener Hartkäse
1/2	Tasse Semmelbrösel
1	Bund Petersilie
1	Eßlöffel Butter
	Muskatnuß, Salz, Pfeffer

Die Kartoffeln waschen, schälen und kochen. Danach pürieren und in eine große Schüssel geben. Käse, Eier, Semmelbrösel und Petersilie zufügen. Den Teig gut durchmischen und mit Salz, Pfeffer und Muskatnuß würzen.

Mit der halben Menge Butter eine Backpfanne bestreichen. Dann den ziemlich dicken Teig gleichmäßig in der Pfanne verteilen. Mit

Gefüllte Ziege oder Lamm (Naxos)
(katsikaki i arni batudo)

Eine Portion hat 440 kcal.
(mit Füllung) 780 kcal.
Bratzeit 3 Stunden.

1	kleines Lamm oder Ziege bis zu 6 kg, mit den Innereien
1	kg frische Zwiebeln
1	Bund Dill, feingeschnitten
1/2	kg Hartkäse (wenn möglich aus Naxos)
1/4	kg Schmer oder gesalzenes Schweinefett
1 ½	Tassen Reis
2	Tassen Butter, Salz, Pfeffer

Das Lamm sorgfältig säubern und waschen. Die Innereien in kleine Würfel, die Zwiebeln in Scheiben schneiden. In eine große Pfanne 1 Tasse Butter geben und darin die Leber und die Zwiebeln anbraten. Dann Schweinefett, Reis, Dill sowie Salz und Pfeffer zugeben. Mit etwas Wasser die Zutaten 2-3 Minuten andünsten. Die Füllung von der Flamme nehmen, den Käse in Stücke schneiden und mit der Füllung vermischen. Das Lamm damit füllen und mit einem kräftigen Faden und einer dicken Nadel zunähen. Von außen das Lamm mit Salz und Pfeffer einreiben und mit der restlichen Butter bestreichen. Wenn das Lamm im Backrohr gebraten werden soll, die Hinterbeine mit dem Vorderteil zusammen zu binden, damit das Lamm eine runde Form bekommt. Das Gericht bei schwacher Hitze 3 Stunden braten.

einer Gabel auf der Oberfläche Linien einritzen, die restliche Menge Butter darüberstreichen. Das Gericht im Backrohr eine Stunde bei mittlerer Hitze backen. In quadratischen oder rautenförmigen Portionen heiß servieren.

Schnecken gebraten
(Paros)
(salingaria psita)

Eine Portion hat 160 kcal.
Bratzeit 15 Minuten.

6-8 Portionen

1   *kg große Schnecken, Salz, Oregano*
     Essig, Öl, Zitrone

Die Schnecken am Vortag in Wasser legen und mit einem schweren Deckel bedecken, damit sie nicht entkommen. Die Schnecken, die aus ihrem Haus kommen sind noch lebendig und zum Essen geeignet. Sehr gut waschen, damit der Schleim verschwindet, mit dem sie ihr Haus verschließen. Dann mit Essig bespritzen. Über einem Kohlenfeuer mit dem Schneckenhaus nach unten eine Viertelstunde braten. Danach aus ihren Häusern nehmen, mit Oregano bestreuen und mit einer Öl-Zitronensoße servieren.

Zwiebelkuchen (Mykonos)
(kremidopita)

Eine Portion hat 300 kcal.
Backzeit 20-30 Minuten.

1   *kg frische, ungesalzene Mitzithra*
1/2   *Tasse Butter*
3   *Eier, 3 frische Zwiebeln*
1   *Bund Mangold, etwas Dill*
8   *Blätter Strudelteig*

Die Zwiebeln und den Mangold fein schneiden, salzen. Fest zusammenpressen, damit möglichst viel Flüssigkeit heraustropft. Mitzithra und feingeschnittenen Dill zugeben. Mit Salz und Pfeffer würzen und die Masse gut durchrühren. Einen Strudelteig in eine mittelgroße Backpfanne legen und die Mischung darübergeben, gleichmässig verteilen. Mit den anderen Strudelteigblättern bedecken, die jeweils einzeln mit Butter bestrichen werden. In dem obersten Blatt mit einem scharfen Messer die Portionen markieren. Mit Wasser bespritzen und im Backrohr bei mittlerer Hitze 20-30 Minuten backen.

Falsche Fleischklösschen (Santorin)
(pseftokeftedes)

Eine Portion hat 200 kcal.
Bratzeit 10 Minuten.

8 Portionen

500   *g reife Tomaten*
2   *große Zwiebeln, kleingeschnitten*
2   *Bund Minze, kleingeschnitten*
      Salz, Pfeffer, Zimt
      Mehl
      Öl zum Braten

Die Tomaten schälen und zerkleinern. In einer großen Schüssel mit Salz, Pfeffer, Minze, Zwiebeln und Zimt vermischen. Mehl einrühren bis ein sehr flüssiger Teig entsteht. Öl in einer Pfanne erhitzen und die Mischung löffelweise herausbacken. Die "Keftedes" auf beiden Seiten knusprig braun braten. Heiß servieren.

Tiganopsoma (Santorin)
(tiganopsoma)

Eine Portion hat 230 kcal.
Bratzeit 8 Minuten.

8-9 Portionen

2   *Tassen Mehl*
2-3   *frische Zwiebeln, kleingeschnitten*
2   *reife Tomaten*
1   *Tasse Wasser*
      Salz, Pfeffer
      Öl zum Braten

Wasser und Mehl zu einem Teig verrühren, die geschälten und zerkleinerten Tomaten, Zwiebeln sowie Salz und Pfeffer zufügen. Die Mischung mit einem Holzlöffel gut durchrühren bis ein flüssiger Teig entsteht. In einer Pfanne das Öl erhitzen. Wenn es raucht, den Teig löffelweise in die Pfanne geben. Von beiden Seiten knusprig braun braten.

Schnecken mit Zwiebeln (Kreta)
(salingaria stifado)

Eine Portion hat 290 kcal.
Kochzeit 30-40 Minuten.

4-6 Portionen

1	kg große Schnecken
1	kg kleine Zwiebeln
1 ½	Tassen Öl
7	Zehen Knoblauch
1/2	Tasse Essig
1	Teelöffel Rosmarin
3	Lorbeerblätter
5	reife Tomaten, Salz, Pfeffer

Die Schnecken am Vorabend in Wasser legen, das Gefäß mit einem schweren Deckel zudecken. Schnecken sehr sorgfältig waschen und alle Unreinheiten entfernen. In einem Topf mit Wasser erhitzen. Wenn sich auf der Oberfläche des Wassers Schaum bildet (kurz vor dem Kochen), Salz zugeben und mit einem Holzlöffel sehr kräftig immer in der gleichen Richtung umrühren. Dadurch lassen sich die Schnecken leichter aus ihren Häusern nehmen. 15 Minuten kochen und abtropfen lassen. Mit einem scharfen Messer am hinteren Ende des Hauses ein Loch öffnen. In dem Wasser, in dem sie gekocht wurden, waschen, damit der Geschmack nicht verlorengeht. Die Zwiebeln schälen und waschen. In einen Topf Öl, Knoblauch und Zwiebeln geben und anbraten. Dann die geschälten und zerkleinerten Tomaten, Lorbeerblätter, Rosmarin, Essig, Salz und Pfeffer zufügen. Die Soße mit etwas Wasser auffüllen. Den Topf zudecken, kochen lassen. Wenn die Zwiebeln halbweich sind, die Schnecken zugeben. Alles zusammen noch etwa 15-20 Minuten kochen bis die Soße eingedickt ist. Die Schnecken mit Zwiebeln sind eine herrliche Vorpeise zum Wein, die in vielen Tavernen angeboten wird. Wenn die Schecken in einem Gebiet mit viel Thymian gesammelt wurden, schmecken sie noch besser.

Käsepastete (Kreta)
(kalitsunia me xini mitzithra)

Ein Stück hat 140 kcal.
Backzeit 30 Minuten.

Für den Teig:

1	Tasse Öl
1	Glas Wasser
	Saft von 1 Zitrone
	etwas Salz
1	kg Mehl

Für die Füllung:

1 ½	kg saure Mitzithra
3	Eier
	Minze, Salz, Sesam
1	Ei zum Bestreichen

Das Mehl mit der Zitrone und dem Wasser verrühren, Salz zugeben. Allmählich das Mehl einrühren, bis ein Teig entsteht, der leicht zu formen ist. Danach den Teig mit Plätzchenform oder einem Glas runde Scheiben ausstechen. Die Füllung vorbereiten und die Mitzithra, die Eier, die Minze und das Salz gut durchmischen. Jeweils einen Teelöffel davon auf eine Teigscheibe geben und zu kleinen Halbmonden zusammenfalten. Am Rand mit dem Finger zusammendrücken, damit sie schließen. Mit verquirltem Ei bestreichen und mit Sesam bestreuen. Im Backrohr bei mittlerer Hitze 30 Minuten backen.

Süße Käsepastetchen
(Kreta)
(kalitsunia me glikia mitzithra)

Eine Stück hat 220 kcal.
Backzeit 30 Minuten.

Für den Teig:

600	g Zucker
1/2	Tasse Öl, 1/2 Tasse Butter
1	Tasse Milch, 6 Eier
1	Teelöffel Backpulver
1	Teelöffel Soda
2	Vanilinzucker, 2 kg Mehl

Für die Füllung:

1 ½	kg ungesalzene Mitzithra oder Anthotiro
1	Tasse Zucker, Zimt, Minze
1	Ei (zum Bestreichen)

Zuerst Butter, Öl und Zucker verrühren. Allmählich das Ei und den Vanilinzucker zugeben. Das Backpulver mit dem Mehl gut vermischen und die Soda in der Milch auflösen. Von den 2 kg Mehl soviel zurühren bis ein Teig entsteht, der gut zu formen ist. Den Teig dick ausrollen und in viereckige Stücke schneiden, die etwa 10 × 10 cm groß sind. Die Füllung vorbereiten und Zucker, Mitzithra, Zimt und Minze vermischen. Einen Eßlöffel voll auf jedes Teigstückchen legen, den Teig zusammenklappen und auf zwei von drei Seiten den Teig zusammendrücken. Die Pasteten mit verquirltem Ei bestreichen, mit Zimt bestreuen und im Backrohr bei mittlerer Hitze 30 Minuten backen.

Ägäische Meeresfrüchte (Hydra)
(thalassina tu ägäu)

Eine Portion hat 550 kcal.
Kochzeit 40-50 Minuten.

10 Portionen

250	g Garnelen
500	g Miesmuscheln
250	g Tintenfische (Kalamarakia)
1	Tintenfisch (Sepia)
1	kleiner Oktopus
1 ½	Tassen Öl
1	Zwiebel, gerieben
2	Tassen Reis
	Salz
	Pfeffer

Die verschiedenen Meeresfrüchte säubern und gut waschen. Einzeln kochen und den Sud der Garnelen und Muscheln aufbewahren. Alle Meeresfrüchte in Stücke schneiden. In eine große Pfanne Zwiebeln, 1 Tasse Öl und die Meeresfrüchte geben und anbraten. In einen Topf eine halbe Tasse Öl und die Meeresfrüchte geben und den Reis anbraten bis er glasig ist. Dann den Sud der Garnelen und Muscheln darübergießen. Die vermischten Meeresfrüchte zugeben und 3 Tassen heißes Wasser zugießen. Kochen bis der Reis weich und die Flüssigkeit fast aufgesogen ist.

Gefüllte Seeigel (Spetses)
(achini jemisti)

Eine Portion hat 350 kcal.
Kochzeit 40-45 Minuten.

7 Portionen

14	*saubere Seeigel (ohne Sand)*
1 ½	*Tassen Reis*
1	*mittelgroße Zwiebel, kleingeschnitten*
1	*Tasse Öl*
	kleingehackte Petersilie
3	*reife Tomaten*
	Salz
	Pfeffer

Mit einem Messer die Stacheln von den Schalen der Seeigel entfernen und auf einem sauberen Stein reiben. Vorsichtig waschen ohne sie ganz ins Wasser zu tauchen. Behutsam auf der Seite mit den Zähnen öffnen, das Meerwasser, ausleeren und aufheben. Den Sand entfernen und die Eier belassen, nachdem sie von den Wänden gelöst wurden. In einem Topf die Zwiebeln mit dem Öl anbraten. Petersilie, Salz, Pfeffer, geschälte und zerkleinerte Tomaten sowie den Reis zugeben. Kurze Zeit alles zusammen kochen. Damit jeden Seeigel füllen, jedoch daran denken, daß der Reis aufquillt. Die Seeigel in einen flachen und breiten Topf legen.

Das Meereswasser, das aufgehoben wurde, abseihen und die Füllung damit ergänzen. Noch Wasser und Öl zugeben. Mit einem Teller zudecken und das Gericht auf kleinster Flamme eine Stunde kochen.

Gefüllte Zwiebeln (Lesbos)
(filiani dolmades)

Eine Portion hat 340 kcal.
Kochzeit 30-40 Minuten.

8-10 Portionen

6	*sehr große Zwiebeln*
300	*g Hackfleisch vom Kalb*
300	*g Hackfleisch vom Schwein*
1	*mittelgroße Zwiebel, kleingeschnitten*
1/2	*Tasse Reis*
1 ½	*Tassen Öl*
	Salz
	Pfeffer
	Zimt

Die Zwiebeln schälen, senkrecht einschneiden und zehn Minuten in kochendes Wasser legen. Das Hackfleisch mit dem Reis, den Zwiebeln sowie Salz und Pfeffer gut durchkneten. Die größten Zwiebelschalen auswählen, die Füllung -jeweils etwa 2 Teelöffel- daraufgeben und einwickeln. In Reihen nebeneinander kreisförmig in einen Topf legen. Dann das Öl zugeben. Einen schweren Teller darauflegen, damit die Zwiebeln beim Kochen nicht aufgehen. Dann soviel Wasser zugießen, daß das Gericht ganz bedeckt ist. Auf mittlerer Flamme 30-40 Minuten kochen.

Wenn das Gericht abgekühlt ist, mit Zimt bestreuen und auf einer Platte servieren.

In Lesbos ißt man dieses Gericht gewöhnlich in der Weihnachtszeit und an Neujahr.

Jorti (Samos)
(jorti)

Eine Portion hat 700 kcal.
Kochzeit 50-60 Minuten.

8 Portionen

1/2   kg Schweinefleisch
1/2   kg Ziegenfleisch
5   Zwiebeln, kleingeschnitten
1/2   kg Weizen, 1 Tasse Öl
1/2   Tasse Butter, Salz, Pfeffer, Zimt

Den Weizen nur sehr grob mahlen. Das Fleisch in kleine Stücke schneiden und mit Wasser in einen Topf geben. Den Schaum entfernen, der sich beim Kochen bildet. Ausreichend Salz, Zwiebeln und das Öl zugeben. Das Fleisch etwa 30-40 Minuten kochen und anschließend die Flüssigkeit mit Wasser auffüllen, um den Weizen zu kochen. Nachdem der Weizen zugegeben ist, das Gericht ständig umrühren, damit es nicht anliegt. Wenn der Weizen weich ist, die Butter erhitzen und damit das Gericht übergießen. Mit Pfeffer und Zimt bestreuen und servieren.

Nudeln mit Joghurt (Kos)
(simariko me jaurti)

Eine Portion hat 570 kcal.

4-6 Portionen

1/2   kg Nudeln
1   kg fettes Joghurt
3   großes Zwiebeln, kleingeschnitten
1/2   Tasse Butter, Salz

Die Nudeln in genügend Salzwasser kochen und anschließend abtropfen lassen. Das Joghurt in eine große Schüssel geben, in die man die noch heißen Nudeln füllt. Das Ganze gut durchrühren. Die Zwiebeln mit Butter in einer Pfanne erhitzen bis sie gelb werden. Die halbe Menge Nudeln auf eine Platte legen und die halbe Menge der Zwiebeln darüber geben. Darauf die restlichen Nudeln legen, über denen man die restlichen Zwiebeln verteilt.

Kohl mit Hackfleisch
(Chios)
(lachano me kima)

Eine Portion hat 395 kcal.
Kochzeit 40 Minuten.

4-6 Portionen

1   kg Weißkohl
600   g Hackfleisch
1 1/2 Tassen Öl
1   Zwiebel
3   reife Tomaten, Salz, Pfeffer
1/2   halber Löffel Butter

Den Kohl sorgfältig waschen, in ziemlich große Stücke schneiden, kurze Zeit kochen. Dann abtropfen lassen. Die Zwiebel kleinschneiden und mit dem Öl in einem Topf erhitzen. Wenn sie gelb ist, das Hackfleisch zugeben und die Flüssigkeit aufsaugen lassen. Die Tomaten schälen und zerkleinern. Zu dem Hackfleisch geben, danach den Kohl sowie Salz und Pfeffer. Mit etwas Wasser ergänzen und das Gericht auf schwacher Flamme kochen, bis der Kohl weich ist. Dann die Butter zugeben und verrühren.

Pikante Seefische (Rhodos)
(marida pikantiki)

Eine Portion hat 280 kcal.

4 Portionen

1/2   kg sehr kleine Fische
1   kleingeschnittene Zwiebel
1   reife Tomate
3   Eßlöffel Mehl, 1 Ei, Öl
        Petersilie, Minze feingeschnitten

Die Fische gut waschen, Köpfe und Schwänze entfernen. In einer Schüssel die Zwiebel, Petersilie, Minze, die geschälte und kleingeschnittene Tomate, das Mehl und das verquirlte Ei sowie Salz und Pfeffer verrühren. Dieser Mischung die Fische zufügen und gut durchrühren. In einer Pfanne Öl erhitzen und die Mischung löffelweise braten. Das Gericht mit grünem Salat oder Bauernsalat servieren.

Hausgemachte Nudeln
(Rhodos) *(chilopites)*

Eine Portion hat 450 kcal.

Für den Teig:
2   kg Mehl
6   Eier, Milch nach Bedarf
Für die Zubereitung der Nudeln:
2   Tassen Nudeln, 1/2 kg reife Tomaten
1   Eßlöffel Butter, Salz

In einer großen Schüssel aus dem Mehl und den Eiern einen Teig anrühren. Soviel Milch verwenden, daß ein Teig entsteht, der ausgerollt werden kann. Den Teig ausrollen und in schmale Streifen schneiden. Diese in kleine Quadrate schneiden und zum Trocknen ausbreiten.

Die Zubereitung der Nudeln: In einem Topf die Butter zergehen lassen, die geschälten und zerkleinerten Tomaten und genug Wasser zugeben. Wenn es kocht, die Nudeln zugeben und auf schwacher Flamme kochen. Dabei ständig umrühren, damit sie nicht anliegen. Wenn die Nudeln das Wasser aufgesogen haben, ist das Gericht fertig.

Fischspezialität (aus Korfu)
(burdeto)

Eine Portion hat 320 kcal.
Kochzeit 30-40 Minuten.

6 Portionen

1   kg Weißfische (z.B. Heringe, Seehecht, Dorsch)
1/2   kg Zwiebeln, kleingeschnitten
1/2   kg reife Tomaten
2   Teelöffel Paprikapulver
1   Tasse Öl, Salz, Pfeffer

Die Fische säubern und waschen. Mit Salz einreiben und einige Zeit stehen lassen. Die Zwiebeln mit dem Öl in einem Topf anbraten bis sie gelb sind. Die geschälten und in kleine Stücke geschnittenen Tomaten zugeben, mit Salz und Paprika würzen. Unter Zugabe von etwas Wasser kochen bis eine dicke Soße entsteht. Die Fische nebeneinander in einen Topf legen und mit der Soße übergießen. Noch etwas Wasser nachfüllen und das Gericht auf schwacher Flamme 30-40 Minuten kochen.

Rindsragout (Korfu)
(pastitsada Kerkira)

Eine Portion hat 700 kcal.
Kochzeit 90 Minuten.

4-5 Portionen

1	kg Rindfleisch
1 ½	Tassen Tomatensaft
1/2	Tasse Rotwein, 4 Zwiebeln
4-5	Zehen Knoblauch
2	Eßlöffel Butter
1/2	kg Makkaroni
	geriebener Hartkäse, Salz, Pfeffer

Das Fleisch gut waschen und mit einem scharfen Messer an verschiedenen Stellen einschneiden. In jeden dieser Schnitte eine Knoblauchzehe stecken. Dann das Fleisch mit Salz und Pfeffer einreiben und mit der Butter und den Zwiebeln in einem Topf anbraten. Nach kurzer Zeit mit dem Rotwein löschen und sofort den Tomatensaft hinzufügen. Wasser zugießen und das Gericht auf schwacher Flamme kochen. Wenn das Fleisch weich ist, die Makkaroni in genügend Salzwasser kochen. Die Nudeln mit der Soße und dem geriebenen Käse vermischen und jeweils mit einer Portion Fleisch servieren.

Kalbfleisch in Topf (Korfu)
(sofrito)

Eine Portion hat 670 kcal.
Kochzeit 60 Minuten.

6-8 Portionen

1	kg Kalbfleisch ohne Knochen
1	kg Kartoffeln, 1/3 Tasse Öl
1/2	Tasse Essig
10	Zehen Knoblauch, feingeschnitten
1	Bund Petersilie, Salz, Pfeffer
	Öl zum Braten

Das Fleisch in Scheiben schneiden und klopfen, damit die Scheiben größer werden. In Mehl wenden und in heißem Öl anbraten. Die Kartoffeln schälen, in Scheiben schnei-

Kalbsfilet gefüllt (Zakynthos)
(Skaltsotseta)

Eine Portion hat 440 kcal.
Kochzeit 60 Minuten.

8 Portionen

1	kg Kalbsfilet
2	große Knoblauchknollen, die Zehen feingehackt
1	Bund Petersilie, kleingehackt
250	g Schafskäse (Feta), zerkleinert
1	kg reife Tomaten
1/2	Tasse geriebener Hartkäse
1/3	Tasse Semmelbrösel
1/2	Tasse Öl
	Salz, Pfeffer

Eine Mischung aus Knoblauch, Petersilie, Semmelbröseln, den beiden Käsesorten und zwei geschälten und zerkleinerten Tomaten herstellen. Die Zutaten gut durchrühren und mit Salz und Pfeffer würzen.

Mit einem scharfen Messer das Fleisch in sehr dünne Scheiben schneiden. Auf jede Scheibe etwas von der Füllung legen, einrolen und mit Hilfe eines Zahnstochers schließen. In einem Topf Öl erhitzen und darin die eingerollten Kalbsfilets vorsichtig anbraten. Die übrigen Tomaten schälen und zerkleinern. Zu den Kalbsfilets in den Topf geben und mit etwas Wasser auffüllen. Das Gericht auf schwacher Flamme weichkochen.

den und ebenfalls anbraten. In einer großen Tasse Knoblauch, Petersilie, Mehl und Pfeffer vermischen. Auf den Boden eines breiten und flachen Topfes eine Schicht aus Kartoffelscheiben legen, die mit der Mischung bestreut wird. Darüber eine Schicht Fleisch legen und ebenso mit der Mischung aus der Tasse bestreuen. In dieser Art alle Fleischscheiben und Kartoffeln verwenden. Dann mit Öl und Essig übergießen. Das Gericht auf schwacher Flamme etwa eine Stunde gargekochen.

Bunter Gemüsetopf (Pilio)
(spetsofai)

Eine Portion hat 350 kcal.
Kochzeit 40 Minuten.

6-8 Portionen

1	kg kleine oder längliche grüne Paprikaschoten
4	Bauernbratwürste (nach Möglichkeit aus Pilio)
1	kg reife Tomaten
2	Zwiebeln, kleingeschnitten
1 ½	Tassen Öl
	Salz, Pfeffer, Etwas Zucker

Die Paprikaschoten waschen und abtropfen lassen. In einer Pfanne eine Tasse Öl erhitzen und die Paprika anbraten ohne sie zu sehr anzubräunen. Aus der Pfanne nehmen und die in Scheiben geschnittenen Bauernbratwürste darin braten. Sobald sie fertig sind, aus der Pfanne nehmen und das restliche Öl zugeben.

Die Tomaten schälen und pürieren, mit den Zwiebeln, etwas Salz und ein wenig Zucker in die Pfanne geben. Diese Soße auf kleinster Flamme etwa 20 Minuten kochen. Dann die Paprika und die Würste zugeben und weiterkochen bis eine dicke Soße entstanden ist.

Veränderung: Wünscht man die Würste sehr durchgebraten, dann im Ganzen braten. Auf diese Weise bleiben sie weich, auch wenn das Gericht selbst schon kalt ist.

Spezialitäten aus Zypern

Zypern, die schöne Insel im östlichen Mittelmeer, bietet außer seiner landschaftlichen Schönheit und seiner Kultur einen großen Reichtum an Gerichten und Süßigkeiten. Zypern hatte in seiner langjährigen Geschichte immer eine enge Bindung zum griechischen Festland und man findet deshalb auch hier, wie auf den griechischen Inseln, alle Gerichte der griechischen Küche. Doch gibt es daneben auch zyprische Spezialitäten, die es lohnt kennenzulernen. Im folgenden werden die besonders chrakteristischen Spezialitäten beschrieben.

meses (Vorgericht): Ein charakteristischer Gang der zyprischen Küche ist der "Meses", der aus sehr vielen Speisen einer scheinbar unerschöpflichen Reihe von Vorspeisen besteht, die alle wohlschmeckend und anregend sind. Zu ihnen gehören Davas, Mousakas, Koupepia (gefüllte Weinblätter), eingelegte Appetitanreger, Oliven, Fischrogen, Tahini und eine Reihe anderer, die von dem einheimischen Bier oder den herrlichen Weinen der Insel begleitet werden. Am besten ist es natürlich, das alles auf Zypern selbst zu genießen, damit nichts von der Echtheit verlorengeht. Wer jedoch nicht auf Zypern ist, kann einige der hier vorgeschlagenen Rezepte selbst erproben. Es wird eine angenehme Überraschung für Gäste und Gastgeber gleichermaßen!

Koupepia, eine typische Vorspeise

Schweinefleisch in Wein
(afelia)

Eine Portion 600 kcal
Kochzeit 70 Minuten

4 Portionen

1	kg Schweinefleisch mit Knochen (Karree)
2	Tassen trockener Rotwein
1/2	Tasse Maisöl
1	Teelöffel Salz
1	Teelöffel Pfeffer
2	Eßlöffel gemahlener Koriander lauwarmes Wasser

Man schneidet das Fleisch in etwa 4 cm dicke Streifen und legt sie am Abend vorher in eine Glasschüssel mit dem Wein. Gut zudecken und im Kühlschrank bis zum nächsten Tag aufbewahren.

Am nächsten Tag das Fleisch abtrocknen, eine Tasse Wein zurückbehalten. Das Fleisch mit Salz, Pfeffer und Koriander würzen, von allen Seiten anbraten und mit dem Wein löschen. Wenn er kocht, das lauwarme Wasser zugeben und gut zudecken. Bei schwacher Flamme zugedeckt eine Stunde leise dünsten. Als Beilage werden zu diesem Gericht gekochter Bulgur (geschroteter Weizen), kleine Butterkartoffeln und grüner Salat, frische Zwiebeln und Radieschen serviert.

Gebratenes Hammelgekröse
(seftalia)

Eine Portion 480 kcal
Kochzeit 20 Minuten

6 Portionen

1	Gekröse vom Hammel
1	kg Hackfleisch vom Kalb etwas Essig
2	mittelgroße Zwiebeln, sehr fein geschnitten
1	Bund Petersilie, sehr fein gehackt
1	Teelöffel Pfeffer und 1 Teelöffel Zimt
1	Teelöffel getrocknete Pfefferminze
1/2	Tasse Semmelbrösel
2	Eßlöffel Öl, Salz

Man legt das Gekröse eine Stunde in eine Schüssel mit lauwarmem Wasser, dem man den Essig beigibt. Alle Zutaten werden vermischt und gut durchgeknetet. Von der Mischung nimmt man jeweils die Menge eines Eßlöffels und formt daraus die Seftalia in länglicher Form ähnlich wie Soutzoukakia. Man wickelt sie einzeln in das Gekröse, das man vorher mit dem Messer in 10x15 cm große Vierecke geschnitten hat.

Man legt die Seftalia auf dem Grill nebeneinander und brät sie bei mittlerer Hitze von allen Seiten gleichmäßig. Sofort servieren!

Hammelfleisch

(davas)

Eine Portion 590 kcal
Kochzeit 2 Stunden

4 Portionen

800	Kalb- oder Hammelfleisch mit Knochen
1 1/2	kg große Zwiebeln, in Scheiben geschnitten
800	g reife Tomaten, geschält und gewürfelt
3	Stücke Stangenzimt
1 1/2	Eßlöffel gemahlenes Artisia*
1 1/2	Eßlöffel Salz
1	Teelöffel milder Pfeffer, frischgemahlen
3/4	Tasse Essig
1	Tasse Öl

Das Fleisch anbraten und in ein Tongefäß legen. Die Zwiebeln anbraten und mit dem Essig übergießen, wenn sie glasig werden.

Die Gewürze in etwas heißes Wasser geben, Tomaten und die Hälfte des Artisia zugeben. Kurz durchrühren und dann in den Topf mit dem Fleisch geben. In der Röhre bei schwacher Hitze 90 Minuten dünsten und gelegentlich umrühren.

Nach dem Garwerden wird dieses typisch zyprische Gericht heiß serviert. Mit der anderen Hälfte des Artisia überstreuen. Das Gericht mit Reis servieren und mit etwas Joghurt garnieren.

*Artisia = Gewürz,
das in Supermärkten angeboten wird.

Süßes Käsegebäck
(flaounes)

1 Stück 280 kcal
Backzeit 40 Min.

etwa 25 Stücke

2	*Teelöffel Hefe*
1/2	*Tasse lauwarmes Wasser*
1/2	*Tasse lauwarme Milch*
1	*Teelöffel gemahlenes Machlepi*
1	*Teelöffel gemahlenes Mastix*
2	*Teelöffel Zucker*
7	*Tassen Mehl*
1	*Teelöffel Salz*
4	*Eier, leicht schaumig geschlagen*
1/4	*Tasse Maisöl*
1/4	*Tasse geschmolzene Butter*

Für die Füllung:

1	*Teelöffel süßes Mastix*
1	*Teelöffel Zucker*
1	*Teelöffel Backpulver*
1	*Suppenlöffel Mehl*
5	*Tassen geriebener Hartkäse (am besten zyprischer Taliaros, falls erhältlich)*
3	*Tassen geriebener Challoumi (zyprischer Käse)*
4	*Suppenlöffel frische Pfefferminze, fein gehackt*
1	*Tasse getrocknete Sultaninen*
5	*Eier, geschlagen*

Für die Glasur:

2-3	*Eier, gut geschlagen*
1/3	*Tasse weißer Sesam*

In einer kleinen Schüssel die Hefe in lauwarmem Wasser auflösen, die lauwarme Milch hinzugeben. In einem Mörser das Machlepi mit dem Mastix und dem Zucker zerstoßen. In einer Schüssel verrühren, in der Mitte eine kleine Grube machen. In diese die Butter und das Öl, das vermischt wurden, hineingeben. Mit den Fingern verrühren, unter ständigem Rühren Milch und Eier hinzugeben.

Den Teig auf einer mit Mehl bestreuten Platte durchkneten bis er elastisch ist (5-10 Minuten) und zu einer Kugel formen. In eine vorgewärmte Schüssel legen, mit Butterbrotpapier und einer Wolldecke bedecken. Zwei Stunden an einem warmen Ort gehen lassen.

In der Zwischenzeit Füllung vorbereiten: Mastix zerstoßen und mit dem Backpulver vermischen. Den geriebenen Käse in einer großen Schüssel mit dem Mehl und allen anderen Zutaten, zuletzt der Pfefferminze, den Sultaninen und den Eiern vermischen. Auch die Fülle zudecken und gehen lassen.

Das Backrohr auf mittlere Hitze vorheizen, den Teig kurz durchkneten und Kugeln formen. Die Kugeln jeweils zu einem 1/4 cm dicken Teig ausrollen, Kreise von etwa 15 cm Durchmesser ausstechen, die Ränder mit etwas Wasser bestreichen. In die Mitte zwei Eßlöffel der Füllung geben, die Ränder des runden Teiges jeweils so einschlagen, daß die Füllung halb bedeckt ist.

An den vier Ecken den Teig mit der Gabel festdrücken. Sind alle Flaounes vorbereitet, mit dem geschlagenen Ei bestreichen und mit Sesam bestreuen.

Etwa 40 Min backen bis sie braun sind.

Zyprische Käsetaschen
(challoumopites)

1 Käsetasche 260 kcal
Backzeit 45 Min.

14 Käsetaschen

1/2	*Tasse Öl*
1/2	*Tasse geschmolzene Butter*
4	*Tassen Mehl*
1	*Eßlöffel Backpulver*
2	*Tassen grobgeriebener Challoumi-Käse*
1	*Tasse kochendes Wasser*
1	*Teelöffel Pfefferminze*
1	*Ei*
1/4	*Tasse Milch*
1/2	*Teelöffel Salz*

Gebäck mit Frischkäse

(bourekia mit mizithra)

1 Stück 200 kcal
Bratzeit 2-3 Minuten

45 - 50 Bourekia

3	Tassen Mehl
1/2	Teelöffel Salz
1/3	Tasse Öl
1	Eigelb
1	Tasse Wasser

Öl zum Braten
Puderzucker

Für die Füllung:

2	Tassen ungesalzene Mizithra (Frischkäse)
1/2	Tasse Zucker

Eiweiß von einem Ei

1	Teelöffel gemahlener Zimt
2	Eßlöffel Milch

Mehl und Salz mischen und auf eine geeignete Unterlage (Holz, Stein) streuen. In der Mitte eine Grube machen, in die man das Öl gibt. Mit den Fingerspitzen vermischen, das Eigelb und allmählich das Wasser zugeben. Den Teig durchkneten bis er glatt wird.

Eine Stunde stehen lassen, inzwischen stellt man die Füllung her. Den Frischkäse gut durchrühren, Zucker und Zimt zugeben. Das Eiweiß schaumig schlagen und der Frischkäsemischung untermischen.

Den Teig erneut durchkneten. 3 - 4 Kugeln formen und jede zu einem dünnen Teig ausrollen. Mit einem Glas etwa 10 cm große Stücke ausstechen. In die Mitte einen Löffel Füllung geben und den Teig mit einer Gabel schließen.

Die Stücke auf einer Platte mit Mehl aufbewahren, bis alle fertig sind.

In heißem Öl hellbraun braten. Die zyprischen Bourekia werden auf einem vorgewärmten Teller mit Puderzucker bestreut und serviert.

Den zerkleinerten Challoumi-Käse in eine Schüssel geben und das kochende Wasser zugießen. 10 Minuten ziehen lassen.

Mehl, Salz und Backpulver vermischen. In der Mitte eine kleine Grube machen, in die man die Butter und das Öl gibt. Mit den Händen vermischen.

Das überschüssige Wasser vom Käse in den Teig gießen. Gut durchkneten und dann eine Stunde stehen lassen. Den Käse mit der Pfefferminze vermischen. Den Teig in länglicher Form dünn ausrollen und den Käse darauf geben. Den Teig einrollen und in 15 Stücke schneiden. Mit der Hand jedes Stück zu einer Kugel formen und dann flachdrücken. Das Ei mit der Milch verschlagen und damit die Oberfläche der Käsetaschen bestreichen. Bei mittlerer Hitze im Backrohr 45 Minuten backen.

Süßes Käsegebäck in Sirup
(dachtila Kiprou)

1 Stück 340 kcal

Etwa 40 Dachtila

3	Tassen Mehl
1/2	Teelöffel Salz
1/3	Tasse Öl
1	Eigelb

Für die Füllung:

1 1/4	Tasse grob gehackte Mandeln
3	Eßlöffel Zucker
1/2	Teelöffel süßer Zimt
1	Eiweiß

Für den Sirup:

1	Tasse Zucker
1/2	Tasse Honig
3	Tassen Wasser

Die Schale einer großen Zitrone

1	Stück Zimt
3	Teelöffel Zitronensaft

Zum Backen

3	Tassen Maisöl

Zur Garnierung

1/2	Tasse geriebene Mandeln
1/3	Tasse Zucker
1/2	Teelöffel süßer Zimt (Pulver)

Mehl und Salz vermischen, in der Mitte eine Grube machen. Das Öl hineingeben, mit der Hand durcharbeiten. Das Wasser und das Eigelb zufügen und weiter kneten. Ist der Teig weich, Kugeln formen und etwa 1 Stunde stehen lassen.

Vorbereitung der Füllung: Das Eiweiß mit dem Zucker verschlagen, die Mandeln und den Zimt zugeben. Dann den Sirup vorbereiten: Zuerst die Zitronenschale und die Zimtstange 5 - 6 Minuten im Wasser kochen, dann aus dem Topf nehmen. Den Zucker und den Honig in das heiße Wasser geben, verrühren und auf schwacher Flamme fünf Minuten kochen. Den dünnen Sirup vom Feuer nehmen und den Zitronensaft einrühren.

Weiterverarbeitung des Teigs: Noch einmal kurz durchkneten und Kugeln formen. Die Kugeln zu rechteckigen Teigstücken ausrollen, die etwa 11 x 9 cm groß und etwa 1/4 cm dick sind. Einen Teelöffel Füllung auf den Rand eines jeden Teigstückes geben und einrollen, am Rand mit der Gabel zusammendrücken und schließen. Jedes fertige Stück auf eine mit Mehl bestreute Fläche legen.

In einem Topf das Backöl erhitzen und die Dachtila von jeder Seite etwa 2 Minuten anbraten.

Mit dem Sieblöffel aus dem Öl nehmen, abtropfen lassen und sofort in den kalten Sirup legen. Nach zwei Minuten aus dem Sirup nehmen, abtropfen lassen. Zur Garnierung mit der Mischung aus Mandeln, Zucker und Zimt bestreuen.

Trachanas

Trachanas, eine Art Teigwaren, ist ein traditionelles Nahrungsmittel mit vielen Nährwerten. Er wird auf sehr verschiedene Art in ganz Griechenland zubereitet.

Trachanas
(trachanas)

Eine Portion hat 330 kcal
Kochzeit 20 Minuten

3-4 Portionen

1/2 Tasse Trachanas
1 Eßlöffel Butter
4 Tassen Wasser

Das Wasser mit der Butter zum Kochen bringen und den Trachanas zugeben. Dabei umrühren, damit der Trachanas nicht anliegt. 20 Minuten kochen.

Dem sauren Trachanas etwas Salz zugeben.

Trachanas - Suppe
(trachanas) - Zypern

Eine Portion 360 kcal
Kochzeit 1 Stunde

6 - 8 Portionen

300   g Trachanas
10   Tassen Hühnerbrühe
1   Tasse Challoumi, klein gewürfelt
1   Eßlöffel Margarine
Zitronensaft nach Belieben
Salz - Pfeffer

Diese Trachanas-Suppe ist ein rein zyprisches Rezept. Den Trachanas in viel kaltem Wasser etwa 3 Stunden stehenlassen. Abtropfen lassen und in einen Topf geben. Die Brühe hinzufügen und auf mittlerer Flamme etwa 1 Stunde kochen. Alle zehn Minuten umrühren, damit der Trachanas nicht anliegt.

Fünf Minuten vor Ende der Kochzeit die Käsewürfel, Salz und Pfeffer, Margarine und nach Belieben Zitronensaft zugeben. Der Trachanas wird heiß serviert.

Eingelegtes Gemüse

Gemüse wird vor allem in einer Salzbrühe eingelegt, der etwas Essig zugefügt wurde. Es gilt als ein natürliches, gesundes und leichtverdauliches Nahrungsmittel. Eingelegtes und Gepökeltes war früher unentbehrlich.

Rote Paprika
(piperies kokkines)

Vorbereitungszeit 40 Minuten

2   kg große rote Paprikaschoten
1   kleiner Weißkohl
4-5   Karotten
1   Bund Sellerie
10   Zehen Knoblauch
*   Essig, Salz*

In einer großen Schüssel den Weißkohl, Sellerie, Karotten und Knoblauch kleinschneiden. Salzen und durchmischen. Die Paprikaschoten waschen und auf einer Seite einschneiden. Durch diese Öffnung die Mischung in die Paprikaschoten füllen. In Glasbehälter legen, mit Essig bedecken und etwas salzen. Die Paprikaschoten können nach 14 Tagen gegessen werden, sie halten sich aber 1 Jahr.

Auberginen eingelegt
(melitzanaki tursi)

Eine Portion (3 Auberginen) hat 54 kcal.

2   kg kleine Auberginen
2   Bund Sellerie
1   großer Bund Petersilie
2   Knollen Knoblauch
2   Zwiebeln
1   Tasse Salz
2   kg Essig

Die Auberginen waschen, senkrecht einschneiden und etwas Fruchtfleisch entfernen. Dieses, Petersilie, Zwiebeln, Knoblauch und das Grüne der Sellerie (das übrige aufbewahren, da es später verwendet wird) in einer großen Schüssel kleinschneiden. Die Zutaten gut vermischen, nacheinander alle Auberginen damit füllen und mit der Sellerie zusammenbinden. Die Auberginen in ein Tongefäß geben, mit Essig aufgießen und Salz zugeben.

Der Ölbaum und seine Früchte

Das reine Olivenöl ist nicht nur ein gesundes Nahrungsmittel für den modernen Menschen, sondern auch ein Geschenk, das die Natur seit uralten Zeiten den Griechen in Fülle bietet. Alle, die von seiner wohltuenden Wirkung wußten, benutzten es nicht nur für ihre Ernährung, sondern auch als Heil-und Schönheitsmittel. Im Altertum rieben sich die Griechen ihren Körper mit Öl zur Pflege der Haut ein, bei den olympischen Spielen wurde der Sieger mit dem Zweig eines Ölbaums bekrönt.

Jedes Jahr beginnt im Oktober in allen Landschaften Griechenlands, in denen es Ölbaumhaine gibt, die Olivenernte. Es gibt so viele verschiedene Arten und Qualitäten, daß der griechische Markt überquillt mit ausgewählten Köstlichkeiten aus allen Gegenden. Der größte Teil der Ernte wird jedoch in den Ölmühlen verarbeitet. Das Öl, das auf dem einheimischen und internationalen Markt verkauft wird, ist von hervorragender Qualität, weshalb es in Griechenland das wichtigste Material aus der Gruppe der Fette ist, die zum Kochen verwendet werden. Die Vitamine, die es enthält, machen es an sich zu einer nahrhaften Speise. Es gab Zeiten, in denen Öl mit Brot die Hauptmahlzeit war.

Grüne Oliven
(elies prasines xidates)

5	kg grüne Oliven
5	l Wasser
500	g Salz
2	kg Essig
1 ½	kg Öl
2	kg Wasser
200	g Salz

   Die Oliven auf einer Seite leicht einschneiden und mit dem Wasser in eine große Schüssel geben. 20 Minuten stehen lassen, dabei mehrmals das Wasser wechseln. Inzwischen eine Salzlake aus 5 l Wasser und den 500 g Salz zubereiten. Die Oliven hineingeben und 10 Tage stehen lassen.

   Die Brühe danach abgießen und mit den 2 l Wasser und 200 g Salz eine neue vorbereiten. Essig und Öl zugeben und die Oliven darin aufbewahren. Nach 3 Tagen sind sie fertig.

Gepökelte Oliven
(elies pastes)

5	kg schwärzlich-grüne Oliven guter Qualität
5	l Wasser
250	g Salz
150	g Zucker

   Die Oliven waschen und in einen großen Behälter aus Glas oder Ton geben. Zur Vorbereitung der Lake das Salz im Wasser auflösen und über die Oliven gießen. Jeden zweiten Tag (zwei Wochen lang) die Flüssigkeit mit einer Lake in gleicher Zusammensetzung wechseln. Für den letzten Wechsel im Wasser 150 g Salz und 50 g Zucker auflösen.

   Die Oliven zwei Monate in der Brühe stehen lassen und dann verzehren.

Gewürze und Gewürzkräuter

Die meisten Gewürzkräuter, die der griechischen Küche ihren besonderen Charakter verleihen, wachsen in Griechenland wild. Diese Kräuter und Gewürze, von denen seit dem Altertum mehr als 400 bekannt sind, werden allerdings nur verwendet, um den Geschmack der einzelnen Zutaten des Gerichtes zu verstärken. Keinesfalls jedoch sollen sie ihn aber überdecken oder gar untergehen lassen. In folgenden wird deshalb etwas ausführlicher dargestellt, worum es sich bei diesen Gewürzen und Gewürzkräutern eigentlich handelt.

Petersilie (Maidanos): Die Petersilie ist überall zu Hause. Frisch verwendet ist sie einer der stärksten Vitaminträger. Je nach Geschmack kann sie fast überall (außer Süßigkeiten) verwendet werden.

Dill (Anitho): Die Dillblätter sollen möglichst frisch für Salate und Gemüse verwendet werden. Den frischen Dill nach Möglichkeit nicht mitkochen.

Selerie (Selino): Frische Sellerieblätter und Sellerieknollen sind unentbehrlich in der griechischen Küche. Sie schmecken süßlich-herb und sind für Rohkost, Salat, Suppen und gekochte Speisen geeignet.

Minze (Diosmos): Frisch oder getrocknet schmeckt sie ziemlich intensiv und ist deshalb mit einiger Vorsicht zu verwenden.

Basilikum (Vasilikos): Basilikum wird in Samen - und Blätterform verwendet. Duftet herb-würzig und ist sehr pikant. Wird gern für Suppen, manche Fleisch- und Fischzubereitungen verwendet.

Kapern (Kapari): Diese würzige Ergänzung jedes pikanten Salates sind die Knospen einer an Wegrändern und steinigen Abhängen wildwachsenden Pflanze. Zur Verwendung in der griechischen Küche werden die Knospen in Salzlake eingelegt.

Koriander: Ein Gewächs des Mittelmeerraumes. Die gelbbraunen Samen haben einen aromatischen Geschmack, der an eine Mischung von Zitronenschale und Salbei erinnert. Die antiken Griechen und Römer kannten und verwendeten Koriander. Er ist vor allem in der zyprischen Küche beliebt.

Oregano (Rigani): Es wird vor allem für Innereien, Suppen, manche Fleisch- und Fischzubereitungen verwendet.

Rosmarin (Dendrolivano): Eine immergrüne Pflanze, die in Gärten wächst. Man nimmt es für Suppen, Gemüse, Fleisch und Fisch. Auch Eierspeisen können damit gewürzt werden.

Lorbeer (Dafni): Der Lorbeerbaum ist in Griechenland zu Hause. Er kann bis zu 7 m hoch werden und Hunderte von Jahren alt. Der Duft der Blätter ist aromatisch. Sie sollen stielfrei, sauber und grün sein. Vieles können sie damit würzen - aber sparsam!

Zwiebel (Kremidi): Die Zwiebel kommt aus dem Orient und ist in der griechischen Küche unentbehrlich. Zwiebeln sind sehr gesund, weil sie viel Vitamin C enthalten. Sie werden in fast allen Gerichten verwendet.

Knoblauch (Skordo): Dieses Zwiebelgewächs kommt aus Ägypten. Es ist einer der Hauptbestandteile der griechischen Küche. Es gibt ihn in den verschiedensten Formen. Zu empfehlen ist Knoblauch von der letzten Ernte, im Notfall kann man auch Knoblauchpulver verwenden.

Griechischer Käse

Zu jeder Mahlzeit, der rasch zubereite-
ten und der sorgfältig vorbereiteten, ist
der passende Käse eine erfreuliche und
wohlschmeckende Ergänzung. Er ist der
treue Begleiter jeder Mahlzeit von Anfang bis Ende. Eine kleine Platte mit
verschiedenen, ausgewählten Käsesorten genügt oft, als Anfang und Ende eines
Abends bei gutem Wein.

In Griechenland hat der Käse eine lange
Vergangenheit, die schon vor der home-
rischen Zeit begann, denn im 10. Gesang
der Odyssee wird geschildert, wie in
jener Zeit Käse hergestellt wurde.

Im Handel sind heute in Griechenland zahlreiche einheimische und lokale
Käsesorten, aber auch ausländische Käse, die im Inland hergestellt werden.
Grundsätzlich essen die Griechen viel Käse, weshalb auch viel Käse eingeführt
wird, obwohl die einheimische Produktion recht beachtlich ist.

Zu den wichtigsten griechischen Käsesorten gehören:

Feta: Der bekannteste griechische Käse und auch der älteste. Ein Weichkäse, der aus Schafsmilch in runden oder rechteckigen Stücken hergestellt wird. Er hat eine weiße Farbe und wird in hölzernen Fässern oder Kanistern aufbewahrt. Es gibt ihn in pikanter und milder Geschmacksrichtung, er ist weich oder leicht bröckelig. 100 g Feta enthalten 22 g Fett, 23 g Proteine und haben 294 kcal.

Telemes: Eine Abwandlung der Feta und wird aus Kuhmilch hergestellt. Er hat rechteckige Form und ist gewöhnlich weniger weiß als die Feta. Es ist ein sehr wohlschmeckender Käse, der die gleichen Nährwerte wie die Feta hat.

Manuri: Ein weicher Käse aus Schafsmilch, in dem alles Fett enthalten ist. Die Fachleute halten ihn für besonders qualitätsvoll. Er hat eine weiße Farbe und ist sehr mild. Da er nicht lange hält, muß er rasch verzehrt werden.

Mitzithra: Eine Abwandlung des Manuri, die in verschiedenen Qualitätsstufen angeboten wird. 100 g der frischen Mitzithra haben 150 kcal.

Anthotiro: Eine Art weicher Mitzithra, der ihr ganzes Fett belassen wurde (Ausnahme sind manche fettarme Sorten, die angeboten werden). Bei frischem Anthotiro haben 100 g 300 kcal.

Kopanisti: Ein scharfer, weicher Käse, der streichfähig ist. Er ist so pikant, daß er als Vorspeise serviert wird, zu der man Ouzo oder einen trockenen Weißwein trinkt. Er wird aus vollfetter Schafsmilch hergestellt, die während der Bearbeitung stark gesalzen und mit Paprika gewürzt wird.

Kaseri: Hauptsächlich aus Schafsmilch hergestellt, mit gelblich - weißer Farbe und einem leicht pikantem Geschmack. Er ist ein halbweicher Käse, der im Handel in Stücken von 7 kg Gewicht und weniger angeboten wird. 100 g haben 370 kcal.

Kefalotiri: Dieser traditionelle Hartkäse wird aus Schafs - und Ziegenmilch hergestellt. Er ist gelblich- weiß und hat kleine, unregelmäßige Löcher. Im Geschmack ist er stark salzig, mit einem starken Duft und pikantem Geschmack. Auf manchen Inseln wird er noch so hergestellt wie in byzantinischer Zeit. 100 g haben 390 kcal.

Kefalograviera: Ein Hartkäse aus Kuhmilch oder Kuh - und Schafsmilch gemischt. Seine Farbe ist hellgelb, er hat viele kleine Löcher. Der Geschmack ist pikant. 100 g haben 395 kcal.

Graviera: Ein harter Käse, ähnlich der Kefalograviera. Er wird aus Kuhmilch hergestellt und manchmal auch unter Zugabe von etwas Schafsmilch. Im Geschmack ist er süßlich, er hat einen feinen Duft. Er gilt als ein "aristokratischer" Käse. Er hat erbsengroße Löcher. 100 g haben 400 kcal.

Tulumotiri: Ein weicher Käse aus Schafs- oder Ziegenmilch oder manchmal auch einer Mischung beider. Er wird in einer Umhüllung aus der Haut eines Tieres (Ziege oder Schaf) aufbewahrt und ähnelt der Feta, hat den gleichen Nährwert, wird jedoch nicht in großen Mengen hergestellt. Es gibt ihn seit dem Altertum.

Challoumi: Ein charakteristischer Käse aus Zypern. Er wird aus frischer Schafs- oder Ziegenmilch hergestellt und pasteurisiert. Er ist sehr fett. Oft werden auch Kälberlab, Salz und Minze zugegeben, um ihn würziger zu machen. In Zypern verwendet man ihn in vielen Rezepten, wie die zyprischen Spezialitäten des Buches zeigen.

Süßigkeiten   *Glyka*

Die vielen Freunde süßer Genüsse denken ständig daran, in allen Winkeln der Erde neue Köstlichkeiten zu entdecken. Und in jedem Ort haben in den letzten Jahren die Konditoreien ihr Angebot mit vielen internationalen Versuchungen bereichert. Wenn auch Sie an das Sprichwort glauben, daß "jedes Ding seinen Ort hat", ist es sicher nicht falsch, wenn Sie dorthin reisen, wo die Spezialitäten ihrer Wahl heimisch sind. Doch werden Sie erlauben, daß wir einige Einwände geltend machen, denn jeder Ort bringt gute und schlechte Konditoren hervor. Ein guter Konditor kann deshalb seine Süßigkeiten überall herstellen - und Sie können dieser Konditor sein. Die Rezepte, dieses Kapitels wollen Ihnen dabei helfen.

An dem Tag, an dem Sie sich an einer dieser Süßigkeiten erfreuen oder sie anbieten wollen, wählen Sie eines dieser Rezepte. Es handelt sich um solche, die seit vielen Jahren in Griechenland bekannt sind. Versuchen Sie aber auch eingelegte Süßigkeiten, die eine griechische Familientradition sind. Sie können monatelang aufgehoben werden, sind reine Erzeugnisse, da sie aus Füchten und Zucker hergestellt werden. Mit einem Glas frischem Wasser sind sie eine herrliche Begleitung zum griechischen Kaffee.

Sauerkirschen eingelegt
(vissino gliko)

Eine Löffel Sauerkischen hat 100 kcal.
1 Glas Sauerkischsaft (Sauerkirschsirup mit
Wasser verdünnt) 150 kcal.

1	kg Sauerkirschen
1	kg und 200 g Zucker
1	Tasse Wasser
1	Teelöffel Zitronensaft

Kirschen gut waschen und Stiele entfernen. Mit einem geeigneten Gerät auch die Kerne entfernen. In einen Topf abwechselnd eine Schicht Kirschen und eine Schicht Zucker geben. Zwei bis drei Stunden stehen lassen und danach das Wasser zugeben. Auf starker Flamme kochen, mit einem Sieb den Schaum abschöpfen. Wenn die Kirschen eingedickt sind und kurz bevor sie von der Flamme genommen werden, den Zitronensaft einrühren. Wenn Sie auch Kirschsirup herstellen wollen, noch 1 kg Zucker zugeben, damit mehr Sirup entsteht.

Vanilia
(vanilia gliko)

Eine Teelöffel hat 80 kcal.

640	g Zucker
1/2	Tasse Wasser
2	Löffel Zitronensaft
1	Teelöffel Vanillezucker

Den Zucker in das Wasser einrühren und erhitzen. Wenn der Sirup eingedickt ist (was sich dadurch feststellen läßt, daß man eine Tropfen Sirup auf einen Teller mit Wasser spritzt), den Zitronensaft zugeben, noch kurze Zeit kochen und von der Flamme nehmen. In eine große tönerne oder emaillierte Schüssel gießen und abkühlen lassen bis er lauwarm ist. Dann den Vanillezucker mit einem hölzernen Kochlöffel einrühren. Dabei ständig in die gleiche Richtung rühren bis die Flüssigkeit dick wird und eine weiße Farbe bekommt.

Kirschen eingelegt
(kerasi gliko)

Eine Löffel Kirschen hat 100 kcal.

1	*kg Kirschen*
1	*kg Zucker*
1	*Tasse Wasser*
	Vanillezucker
1	*Teelöffel Zitronensaft*

Große und feste Kirschen wählen. Gut waschen, Stiele und Blätter entfernen. Mit einem geeigneten Werkzeug Kernen. Den Zucker in das Wasser einrühren und zum Kochen bringen. Sobald die Flüssigkeit dick wird, von der Flamme nehmen und etwas abkühlen lassen. Dann die Kirschen zugeben und auf starker Flamme erhitzen. Den Schaum mit einem Schaumlöffel entfernen, den Zitronensaft und den Vanillezucker einrühren. Wenn das Ganze abgekühlt ist, in kleinen Gläschen servieren.

Veränderung: Eingelegte Orangen können auch nur aus Orangenschalen hergestellt werden. In diesem Fall in Schnitze schneiden, auf einem Faden aufziehen und in dieser Form kochen. Den Faden entfernen, bevor der Saft dick wird.

Orangen eingelegt
(gliko portokali)

Ein Stück hat 110 kcal.

6	*große Orangen mit dicker Schale*
1 ½	*kg Zucker, 3 Tassen Wasser*
1	*Teelöffel Zitronensaft, Vanillezucker*

Die Schalen der Orangen mit einer grossen Reibe abreiben und gut waschen. Als Ganzes kochen. Sie sind fertig, wenn man sie mit einem Zahnstocher einstechen kann und sie zusammensinken. Abtropfen lassen und jede Orange in vier Teile schneiden, die jeweils halbiert werden (eine Orange insgesamt acht Stücke). Mit einer Schere die weißen Häutchen und harten Teile entfernen. Abtropfen lassen. Den Zucker in das Wasser einrühren und zum Kochen bringen. Wenn die Flüssigkeit dick wird, die Orangen zugeben. Das Kochen fortsetzen bis die Süßigkeit ziemlich fest geworden ist. Dann den Zitronensaft und den Vanillezucker einrühren und nach kurzer Zeit von der Flamme nehmen.

Süßer Auflauf
(gliko tapsiu me ladi)

Ein Stück hat 350 kcal.
Backzeit 40-50 Minuten.

1 ½	Tassen Öl
1 ½	Tassen Orangensaft
1 ½	Gläser Zucker
2-3	Eßlöffel Weinbrand
1	Teelöffel Soda
1	Teelöffel Zimt
1	Teelöffel geriebene Nelken
1/2	Tasse Walnüsse, 1/2 Tasse Rosinen
650	g Mehl
	etwas Sesam, etwas Öl

Das Öl, den Orangensaft und den Zucker vermischen. Die Soda im Weinbrand auflösen und zufügen. Zimt und Nelken zugeben und langsam das Mehl einrühren. Schließlich Nüsse und Rosinen zufügen. Eine mittelgroße Backpfanne mit Öl bestreichen und die Mischung hineingeben. Die Backpfanne bewegen bis die Mischung überall gleichmäßig verteilt ist. Mit Sesam bestreuen und im Backrohr bei mittlerer Hitze 40-50 Minuten backen. In viereckige Stücke schneiden.

Bisquits
(kulurakia ladiu)

Jedes Bisquit hat 80 kcal.
Backzeit 30 Minuten.

1	Wasserglas Öl
1	Wasserglas Orangensaft
1	Wasserglas Zucker
	Saft von einer Zitrone
1	Teelöffel Soda
1	Teelöffel Backpulver
1	Teelöffel geriebene Orangenschalen
1	kg Mehl (wahrscheinlich wird etwas weniger benötigt)

Das Öl, den Orangensaft und die geriebene Orangenschale vermischen. Soda im Saft einer Zitrone auflösen und zugeben. Das Backpulver mit dem Mehl vermischen und langsam der Mischung einrühren. Gut durchkneten bis ein fester Teig entsteht.

Die Bisquits zu kleinen Zöpfen oder einem anderen Muster formen und im Backrohr bei nicht sehr starker Hitze backen bis sie leicht angebräunt sind.

Chalvas aus Grieß
(chalvas me simigdali)

Eine Portion hat 280 kcal.
Zubereitungszeit 30 Minuten.

1	Tasse Öl
1	Tasse feiner Grieß
1	Tasse grober Grieß
3	Tassen Zucker
4	Tassen Wasser
	Zimt

Das Öl in einem Topf erhitzen bis es raucht. Den Grieß zugeben und anbraten. Dabei mit einem hölzernen Kochlöffel umrühren, bis der Grieß bräunlich wird. In der Zwischenzeit in einem anderen Topf das Wasser mit dem Zucker erhitzen und 10 Minuten kochen. Wenn der Grieß fertig ist, den Sirup zugießen. Zimt zufügen und auf kleiner Flamme weiterhin ständig umrühren bis das Gericht dick wird. Der Chalvas ist fertig, wenn er sich von der Wand des Topfs leicht entfernen läßt. In eine Form füllen und abkühlen lassen. Die Form auf eine Platte stürzen, den Chalvas mit Zimt bestreuen.

Veränderung: Nach Wunsch können geschälte Mandeln oder Pinienkerne zugegeben werden, die mit dem Grieß angebraten werden.

Chalvas nach Rinas Art
(chalvas tis Rinas)

Eine Portion hat 430 kcal.
Kochzeit 40-50 Minuten.

1	kg feiner Grieß
1/2	feingeriebene Mandeln
2	kg Zucker
3	Eßlöffel Zimt
1/2	kg Butter
12	Eier

Die Butter schaumig rühren, 1 kg Zucker, die verquirlten Eier, Zimt und schließlich den Grieß zugeben. Eine große Backpfanne (für das Backrohr des elektrischen Herdes) mit Butter bestreichen und mit der Mischung füllen. 40-50 Minuten im Backrohr bei 220-240 Grad backen. Sobald der Chalvas Farbe bekommt mit Alufolie abdecken. Wenn er abgekühlt ist, in Stücke schneiden. Mit dem restlichen Zucker und 3 Gläsern Wasser den Sirup zubereiten. Den Sirup nicht sehr lange kochen, da er sehr dünnflüssig sein soll.

Süßer Milchreis
(risogalo)

Eine Portion hat 300 kcal.
Kochzeit 20 Minuten.

1	1 Milch
1/2	Tasse Milchreis
1	Tasse Wasser
4	Teelöffel Stärkemehl
12	Teelöffel Zucker
	Zimt

Das Wasser mit dem Reis zum Kochen bringen. Wenn das Wasser aufgesogen und der Reis trocken ist, die Milch (eine halbe Tasse Milch zurückbehalten, um das Stärkemehl darin aufzulösen) und den Zucker zugeben. Ständig umrühren. Für ein stärkeres Aroma eine Zitronenschale zugeben und mit der Milch kochen. Wenn der Reis sehr dick aussieht, das in Milch aufgelöste Stärkemehl einrühren und eindicken lassen. In kleinen Schüsselchen servieren und mit viel Zimt bestreuen.

Milchauflauf
(galaktobureko)

Eine Portion hat 370 kcal.
Kochzeit 30 Minuten.

12	Blätter fertigen Blätterteig
1	Tasse Butter
1/2	Tasse Zucker
4	Gläser Milch
1	Glas feinen Grieß
6	verquirlte Eier, Vanillearoma

Für den Sirup:

4	Gläser Zucker
2	Gläser Wasser
	Zitronenschale, Vanillinzucker
	Saft von 1/2 Zitrone

In einem Topf die Milch mit dem Zucker verrühren, erhitzen und unter ständigem Umrühren sehr langsam den Grieß einrühren. Bevor die Mischung sehr fest wird, von der Flamme nehmen, etwas abkühlen lassen und langsam die Eier und das Vanillearoma unterrühren. In eine kleine, rechteckige Backpfanne 6 Blätter des Blätterteigs legen und jeweils mit geschmolzener Butter bestreichen. Die Füllung darübergießen und mit den übrigen 6 Blättern bedecken, die auch mit Butter bestrichen werden. Das oberste Blatt mit einem scharfen Messer einschneiden und die Portionen markieren. Im vorgeheizten Ofen etwa 30 Minuten backen. Den Sirup vorbereiten und die vier Gläser Zucker in Wasser erhitzen. 10 Minuten kochen, die Zitronenschale, den Zitronensaft und den Vanillinzucker zufügen. Den Auflauf noch heiß mit dem Sirup übergießen und in Stücke schneiden, wenn er abgekühlt ist.

Nuß-Schnitten
(baklavas)

Ein Stück hat 590 kcal.
Backzeit 60 Minuten.

1	kg fertiger Blätterteig
1	kg grobgeriebene Mandeln
400	g Butter
2	Eßlöffel Zimt
	Ganze Nelken

Für den Sirup:

2	kg Zucker
6	Gläser Wasser
	Vanillezucker
	Zitronensaft

Die geriebenen Mandeln mit dem Zimt vermischen. Die Butter schmelzen. Eine Backpfanne mit der Butter bestreichen, die Blätter das Blätterteigs hineinlegen und jeweils mit Butter bestreichen. Nach den ersten drei Blättern, die weiteren jeweils auch dick mit Mandeln und Zimt bestreuen und mit dem nächsten Blatt bedecken. Alle Blätter müssen mit Butter bestrichen werden. Die Füllung so verteilen, daß vier Blätter übrig bleiben, die ohne Füllung darübergelegt werden. Auch das oberste Blatt mit Butter bestreichen und mit einem scharfen Messer rautenförmig einschneiden. Auf jedes Stück in die Mitte eine Nelke legen. Im Backrohr bei mittlerer Hitze 60 Minuten backen. Den Sirup zubereiten, aber nicht sehr eindicken lassen. Sobald die Nußschnitten abgekühlt sind, mit dem Sirup übergießen.

Mandel-Rollen
(kataifi)

Ein Stück hat 390 kcal.
Backzeit 30-40 Minuten.

1	kg fertiger Kataifiteig
500	g geriebene Mandeln
1 ½	Eßlöffel Zimt
2	Eßlöffel geriebener Zwieback
2	Tassen Butter

Für den Sirup:

1 ½	kg Zucker
4	Gläser Wasser
	Zitronensaft
	Vanillezucker

Die Mandeln reiben und mit dem Zimt und dem geriebenen Zwieback mischen. Die Backpfanne mit Butter bestreichen. Ein Stückchen Teig ausrollen, mit einem Teelöffel der Mandelmischung füllen. Den Teig in länglicher Form einrollen und in die Backpfanne geben. In dieser Weise den ganzen Teig verarbeiten. Anschließend die Butter erhitzen und jedes Teigröllchen mit einem Löffel geschmolzener Butter übergießen. Das Gebäck im Backrohr bei mittlerer Hitze 30-40 Minuten backen, bis es Farbe bekommt. Abkühlen lassen und den Sirup vorbereiten. Den Zucker mit dem Wasser kochen, Vanillezucker und Zitronensaft zugeben. Mit einem großen Löffel den Sirup über jedes Röllchen gießen.

Nuß-Kuchen
(karidopita)

Ein Stück hat 400 kcal.
Backzeit 60 Minuten.

1	Tasse Zucker
1	Tasse Milch
1/2	Tasse Butter
2	Tassen geriebene Walnüsse
	Zimt, gemahlene Nelken
1 ½	Tassen geriebener Zwieback
1 ½	Tassen Mehl
5	Eier
1	Teelöffel Soda
3	Teelöffel Backpulver
2	Eßlöffel Weinbrand

Für den Sirup:

3	Tassen Zucker
2	Tassen Wasser
1	Teelöffel Zitronensaft

Die Butter schaumig rühren, den Zucker und die Eier zugeben. Die geriebenen Nüsse mit Zimt und Nelken mischen, die Soda in Weinbrand auflösen. Milch, Nüsse, Weinbrand, Zwieback, Mehl und Backpulver einrühren. Die Mischung gut durchrühren und in eine gebutterte und mit Mehl bestäubte Backpfanne geben.

Den Kuchen im Backrohr zuerst bei starker Hitze, dann bei schwacher Hitze insgesamt eine Stunde backen. Den Sirup zubereiten und den Kuchen damit übergießen.

Fritierte Schleifen
(diples)

Jedes Stück hat 90 kcal.

2 ½   Tassen Mehl
3   Eier
4   Eßlöffel Weinbrand
1   Teelöffel Backpulver
        Öl zum Braten
1   Tasse Honig
1/2   Tasse lauwarmes Wasser
        Geriebene Walnüsse, Zimt

Das Mehl in einer Schüssel mit dem Backpulver vermischen. In der Mitte eine Mulde eintiefen. Die Eier mit dem Zucker und dem Weinbrand verrühren und in die Vertiefung geben. Alles gut durchkneten. Den Teig eine Stunde stehen lassen und danach noch einmal durchkneten. Den Teig sehr dünn ausrollen und in 2 cm breite handlange Streifen schneiden. Schleifen oder Knoten machen. Genügend Öl erhitzen und das Gebäck im Öl schwimmend backen. Wenn sie leicht braun werden, herausnehmen und auf Küchenkrepp abtropfen lassen. Den Sirup vorbereiten und den Honig mit lauwarmen Wasser verdünnen.

Das Gebäck auf eine Platte legen und mit dem Sirup übergießen. Mit geriebenen Nüssen und Zimt bestreuen.

Süße Grieß-Taschen
(bugatsa)

Eine Bugatsa hat 340 kcal.
Backzeit 20 Minuten.

6 Portionen

6	*Blätter Blätterteig*
3	*Tassen Milch*
5	*Eßlöffel Zucker*
5	*Eßlöffel feiner Grieß*
2	*verquirlte Eier*
3	*Eßlöffel Puderzucker*
1/2	*Eßlöffel Zimt*

Den Zucker und die Milch in einen kleinen Topf geben. Auf mittlerer Flamme erhitzen und leicht andicken. Die Mischung von der Flamme nehmen, langsam die verquirlten Eier und den Grieß zugeben und gut verrühren. Ein Blatt des Teigs mit geschmolzener Butter bestreichen. In die Mitte der oberen Hälfte etwa den sechsten Teil der Mischung geben. Den Teig zu einer viereckigen Tasche zusammenfalten. Darauf achten, daß die Füllung gut verpackt ist. Das Verfahren bei den übrigen Blättern wiederholen. Eine Backpfanne buttern, das Gebäck auch mit Butter bestreichen und in die Backpfanne legen.

Im Backrohr bei mittlerer Hitze etwa 20 Minuten backen. Mit Puderzucker und Zimt bestreuen.

Fritierte Honig-Kugeln
(lukumades)

Eine Portion hat 290 kcal.

8-10 Portionen

650	*g Mehl*
1	*Eßlöffel Hefe*
1	*Tasse lauwarmes Wasser*
1	*Teelöffel Salz*
	Öl zum Fritieren

Für den Sirup:

2	*Tassen Zucker*
1	*Tasse Honig*
1	*Tasse Wasser*
	Zimt

Das Mehl in eine Schüssel geben und mit dem Salz vermischen. In der Mitte eine Vertiefung machen und die in lauwarmem Wasser aufgelöste Hefe hineingeben. Die Mischung durchkneten und noch etwas lauwarmes Wasser zugeben bis ein glatter Teig entsteht. Den Teig abdecken und an einem warmen Ort ca. 2 Stunden gehen lassen. In einem tiefen Topf sehr viel Öl erhitzen. Einen Eßlöffel in kaltes Wasser tauchen und damit Teigbällchen aus dem Teig stechen und in das heiße Öl geben. Jeweils 2-3 Minuten fritieren, dabei mit einem Schaumlöffel öfters wenden.

Die fritierten Bällchen auf Küchenkrepp

abtropfen lassen. Für den Sirup alle Zutaten in einen kleinen Topf geben und solange unter Umrühren erhitzen bis eine dickflüssige Masse entstanden ist. 3-4 Minuten kochen lassen.

Das Gebäck auf eine Platte schichten und mit dem Sirup übergießen. Mit Zimt bestreuen.

Weinpudding
(mustalevria)

Eine Portion hat 500 kcal.

7   *Gläser fertigen Traubenmost*
1   *Glas feinen Grieß*
      Geriebene Mandelr und Walnüsse
      Zimt

    Fertigen gegorenen Traubenmost verwenden (falls der Most nicht gegoren ist, benötigt man für jeden Liter einen Eßlöffel Asche. Den Most mit der Asche eine Stunde kochen und anschließend filtrieren. Das Kochen fortsetzen bis der Most süß wird).

    Die 7 Gläser Most in einen Topf geben und kochen. Mit einem hölzernen Kochlöffel ständig umrühren und den Grieß zufügen. Wenn die Mischung dick wird, ist der Pudding fertig. In kleinen Schälchen oder Schüsselchen servieren und mit viel Mandeln, Walnüssen und Zimt bestreuen.

Weine - Getränke

Häufig ist der Wein rubinrot und lockt das Auge, sein Geschmack ist samten und voll. Dann wiederum hat er die Klarheit eines reinen Topas, ist harmonisch im Geschmack und zugleich lebhaft und spritzig. Und die Rede ist vom Wein, und zwar vom Wein des Philosophen Plato, der sagte, daß ein Mensch, der trinkt, zuerst mit sich selbst Freund wird. Wie man sieht, war schon im Altertum bekannt, daß der Genuß, den diese zauberhafte Flüssigkeit schenkt, nahezu alle unsere Empfindungen anspricht und dazu führt, daß wir uns wohl fühlen.

Der Wein ist etwas Lebendiges, der nach Farbe, Aroma, Geschmack und Textur richtig ausgewählt, eine sorgfältig gestaltete Mahlzeit begleitet. Ohne die geschmackliche Vielfalt, die der Wein den Speisen verleiht, würde dem besten Gericht würde etwas fehlen, denn er regt während der ganzen Mahlzeit immer wieder von neuem an. Heute trinkt man nicht nur, um guter Stimmung zu sein oder das Essen noch mehr zu genießen. Neben seinen nützlichen Eigenschaften fördert der Wein die menschlichen Beziehungen und spielt eine große Rolle im gesellschaftlichen Leben.

In den Kapiteln mit den Rezepten wird allgemein der Wein vorgeschlagen, der erfahrungsgemäß zu diesen Gerichten paßt. In diesem Kapitel aber, sollen die Weine Griechenlands vorgestellt werden, damit die Wahl leichter fällt. Heutzutage sind die modernen griechischen Flaschenweine mit der Bezeichnung O.P.A.P. (Qualitätsweine bestimmter Anbaugebiete) und O.P.E. (kontrollierte Ursprungsbezeichnung), die sich immer stärker auf dem internationalen Markt durchsetzen, sehr qualitätvoll und genügen höchsten Ansprüchen.

Der griechische Boden und die viele Sonne läßt die Weine bis zur Vollkommenheit reifen. Die traditionelle Kunst des Winzers und die reiche Erfahrung der modernen griechischen Önologen wirken Wunder. Es lohnt sich, die verschiedenen Weine kennenzulernen, von denen jeder seinen eigenen Charakter hat.

Dionysos,
der Gott des Weines und des Frohsinns

Bronzekrater mit Dionysos und Ariadne (350-330 v.Chr., Thessaloniki Archäologisches Museum).

In Griechenland wird seit vielen Jahrtausenden Wein angebaut. Und schon die Tatsache, daß es bei den alten Griechen einen Gott Dionysos oder Bakchos gab, in dessen Person der Wein, die Vegetation und die Fruchtbarkeit des Weinstockes verehrt wurden, zeigt in aller Deutlichkeit, daß der Weinbau in vielen Gegenden des Landes eine Lebensform war. Der Gott selbst, so glaubte man, hatte den Weinstock gebracht und seine Pflege gelehrt, die Teil seines Kultes war. Als Dionysos bei König Oinea in Ätolien lebte, wo er in dessen Palast gastlich aufgenommen worden war, schenkte er dem König einen Weinstock und weihte ihn in die Geheimnisse des Weins ein.

Dionysos veranstaltete Feiern und zeigte seinen Verehrern, wie sie ihn verehren sollten. Im dionysischen Gottesdienst verbanden sich alle Phasen des Weinbaus zu kultischen Handlungen. Das Fest, das Gelage und die Ausgelassenheit waren eine religiöse Handlung zu Ehren des Gottes! Vor allem zu Beginn des Kelterns und dann mit dem ersten jungen Wein ließen Gelage und ekstatische Tänze die Menschen den Alltag vergessen. Der Gott selbst, der manchmal mit Efeu, manchmal mit Weinblättern bekränzt war, kam zu diesen Feiern mit seinem ganzen Gefolge. Es waren dies die Nymphen der Wälder, Silene, Satyrn und Mänaden. Die Silene waren männliche Wesen mit Pferdefüssen und Pferdeschwanz, die die Nymphen begleiteten, sie verfolgten und in Höhlen liebten. Die Satyrn waren Dämonen der Natur, die den Silenen glichen, und die Mänaden waren Frauen, die die orgiastischen Geister der Natur verkörperten. Diese ganze ausgelassene Schar war gepackt von einer Leidenschaft für den Tanz, die Musik und natürlich den Wein, der unerschöpflich floß.

Bei diesen Festen erklang auch der Dithyrambus, der Kultgesang für Dionysos. Von ihm stammen die antike Tragödie und das Theater. Doch auch die zwölf Götter des Olymps standen im Genuß des Weines nicht hinter Dionysos zurück. Denn der berühmte Nektar, den Hebe und Ganymed, der jugendliche Mundschenk des Zeus, servierten, mit dem sie die Becher der Götter bis zum Rande füllten, was kann er anderes als Wein gewesen sein?

Der Dichter Homer berichtet sehr ausführlich darüber, wie die Menschen vor Jahrtausenden den Wein genossen.

In der Odyssee wird erzählt, daß Odysseus, der Bezwinger von Troja, von dem Apollopriester Maron im Land der Kikonen nach der Plünderung von Ismaros ein göttliches Geschenk erhielt, da er ihn geachtet hatte: Zwölf Krüge mit süßem, berauschenden Wein! Diesen Wein gab er später dem

Zyklopen Polyphem, der ihn mit großer Begeisterung trank, da ihm der Wein unbekannt war.

Als die Zauberin Kirke die Gefährten des Odysseus verzaubern wollte, reichte sie ihnen ausgiebig Wein und fand dabei Gelegenheit, ihn mit ihren Giften zu versetzen. Doch nicht nur der Saft der Trauben war ein willkommenes Geschenk. Ein gepflegtes Weinfeld war ein fürstlicher Besitz. Als Odysseus nach Ithaka zurückkehrte und seinem greisen Vater gegenüberstand, der nicht glauben wollte, daß er sein Sohn sei, beschwichtigte er dessen Mißtrauen dadurch, daß er ihn an alte Zeiten erinnerte.

Er rief ihm ins Gedächtnis zurück, daß Laertes ihm als Kind ein Geschenk gemacht hatte: "... und auch Reihen von Weinstökken nanntest du mir fünfzig, um sie mir zugeben, und jede war das ganze Jahr hindurch zu lesen - darin waren Trauben von aller Art -, wenn die Jahreszeiten des Zeus von oben her ein fruchtschweres Gedeihen gaben." Tatsächlich sind die Erwähnungen des Weins und der Traube in der antiken Literatur unerschöpflich. Es wird auch auf tausendfache Art gezeigt, daß auf griechischem Boden, mehr als anderswo, der Wein zu Gesang, Mythos und Teater, zu Geist und Philosophie wurde.

Der griechische Weinbau

Seit mehr als 4000 Jahren wird die Traube in Griechenland angebaut, gedeiht in ökologisch ausgezeichneter Umwelt und reift unter strahlendblauem Himmel. Die Trauben werden von der goldenen Sonne verwöhnt und gewinnen so an Süße, der Wind vom Meer erfrischt sie. Die gesamte griechische Weinanbaufläche beträgt rund 160.000 ha, 52% der Produktion sind zur Kelterung als Wein geeignet. Jedes Jahr werden 500 Millionen Liter weißer und roter Wein produziert, von denen etwa die Hälfte hauptsächlich nach Europa und Amerika exportiert wird. In den Weinfeldern begegnet man einheimischen Traubensorten, die ein echt griechisches Erbe seit uralten Zeiten sind. Es wurden jedoch auch neue Rebsorten eingeführt, die wegen der günstigen klimatischen Bedingungen hervorragende Ergebnisse erzielen. Viele europäische Spezialisten des Weinbaus, auch aus Ländern, die selbst hervorragende Weine produzieren, erklärten in den letzten Jahren, daß der griechische Wein von außerordentlichem Interesse ist. Zu den altbekannten Vorzügen kommt eine sorgfältige und moderne Kultivierung. Die Weinkellereien rüsteten sich mit neuen Anlagen und Geräten aus, die griechischen Winzer orientieren sich an den neuesten wissenschaftlichen Erkenntnissen. Eine neue Generation von Winzern hat in Frankreich, in Deutschland und in anderen Ländern studiert und bemüht sich darum, den griechischen Weinbau mit allen technischen Entwicklungen zu bereichern. Das Ergebnis ist, wie zu erwarten war, daß der griechische Wein von herausragender Qualität ist, da alle Vorraussetzung dafür gegeben sind.

Die griechischen Rebsorten

Es wurde bereits erwähnt, daß neue Rebsorten nach Griechenland eingeführt wurden, deren Anbau und Kelterung herrliche Ergebnisse erzielt. Die meisten Sorten jedoch, aus denen der Hauptteil der Produktion besteht, sind unverfälscht einheimisch. Ihr Ursprung liegt so weit zurück, daß man an den Mythos von Dionysos erinnert wird. Es sollen nun die wichtigsten Rebsorten vorgestellt werden, deren Trauben seit Jahrtausenden unter dem griechischen Himmel heranreifen.

Ajiorgitiko: Gilt als die beste rote Rebsorte und wird im Bereich von Nemea angebaut. Man könnte sie fast als den Wein des Herakles bezeichnen, da er in dieser Landschaft seine berühmten Heldentaten vollbrachte. Sie liefert den Nemea-Wein.

Athiri: Die bekannteste weiße Rebsorte der Ägäisinseln. Aus dieser Traube wird der Rhodos-Wein auf der gleichnamigen Insel gekeltert.

Asirtiko: Eine hervorragende weiße Rebsorte mit vielen Möglichkeiten für den Winzer. Sie gedeiht vor allem auf Santorin und den anderen Kykladen.

Batiki: Eine weiße thessalische Rebe, der man jedoch auch in vielen Gegenden Makedoniens begegnet. Die Traube liefert einen einfachen Tischwein.

Debina: Eine weiße Rebsorte aus Epirus aus dem Gebiet von Zitsa. Sie ergibt einen trockenen Weißwein mit Herkunftsbezeichnung und den erfrischenden, prickelnden Wein "Zitsa".

Kotsifali: Eine rote, alte kretische Rebsorte, die zusammen mit der Mandilaria angebaut wird, da sie zwar einen angenehmen Duft hat, aber farblich schwankt.

Lagorthi: Eine sehr gute weiße Rebsorte, die ausschließlich im Bereich Kalavrita angebaut wird und einen sehr angenehmen und aromatischen Wein liefert.

Liatiko: Eine rote kretische Rebsorte mit kleinen Trauben, die schon in Byzanz bekannt war. Aus ihr werden die Weine mit der Bezeichnung "Sitia" und "Dafnes" gekeltert.

Limnio: Eine ausgezeichnete rote Rebsorte, die schon Aristoteles erwähnt. Sie wird in Limnos, auf der Chalkidiki, in Thrakien und Ostmakedonien angebaut.

Mandilaria: Die am weitesten verbreitete einheimische rote Rebsorte, der man auch auf Naxos, Paros, Santorin und den anderen Kykladen, auf Kreta und den Inseln der Dodekanes begegnet, wo sie auch Amorgiano heißt.

Malagousia: Eine aromatische weiße Rebsorte aus Ätoloakarnania, die Qualitätsweine ergibt. Sie gedeiht besonders gut in Mittelgebirgslagen.

Mavrodafni: Eine bekannte, rote Rebsorte auch Achaiia, deren aromatischer und süßer Wein in Eichenfässern reift.

Mavro Mesenikola: Eine rote Rebe aus dem Bereich Mesenikola bei Karditsa.

Monemvasia: Eine weiße Rebsorte, der man auf Paros und in Lakonien begegnet. Die Monemvasia-Rebe wird gemeinsam mit der Mandilaria-Rebe gekeltert und liefert ausgezeichnete Ergebnisse.

Moschofilero: Rebe aus dem Bereich Tripolis, aber auch Messenien. Sie liefert einen weißen, trockenen Qualitätswein mit feinem Aroma. Er trägt die Herkunftsbezeichnung "Mantineia".

Muscat dAlexandrie: Eine weiße Rebe, die in hauptsächlich in Nordgriechenland, aber auch in Limnos angebaut wird, wo sie den gleichnamigen erfrischenden, aromatischen Wein liefert.

Weißer Muskat: Ein ausgezeichnete Rebsorte aus Samos, aber auch aus dem Bereich Patras, die ausgezeichnete, berühmte Weine liefert.

Negoska: Die Rebsorte gedeiht in dem Bereich von Goumenissa und ist dort einheimisch. Sie liefert den bekannten Rotwein "Goumenissa".

Robola: Eine weiße, gelegentlich etwas dunklere Traube mit dünnschaliger Beere, die einen Wein mit dem charakteristischen frischen und fruchtigen Aroma liefert. Man findet sie ausschließlich in Kefalonia, von wo auch der gleichnamige Wein kommt.

Roditis: Eine Rebsorte mit farblichen Abstufungen, die man auf dem Peloponnes, in Thessalien, in Mittelgriechenland und im östlichen Makedonien findet. In Achaiia garantiert die Ursprungsbezeichnung den Qualitätswein "Patras", einen frischen, anregenden und ausgewogenen Wein.

Romeiko: Ein rote, kretische Rebsorte mit vielen Möglichkeiten für den Winzer bei der Herstellung verschiedener Weine, bekannt als "mittelmeerischer Typ".

Savvatiano: Eine weiße Rebsorte, deren Weinfelder fast ausschließlich im Bereich Attika, Megara, Boötien und Euböa anzutreffen sind, denn sie gedeiht besonders gut in dem trockenen und heißen Klima dieser Landschaften. Sie ist bestens geeignet für die Herstellung von Retsina.

Soumiatiko: Die weiße Rebsorte gedeiht in Thrakien und Makedonien und ergibt einfachen Tischwein.

Vertzami: Eine Rebsorte, die wegen ihrer Farbe besonders geschätzt wird. Sie gedeiht auf Lefkada und wird durch Versuche weiter verbessert.

Vidiano: Eine weitere weiße Rebsorte, die in Mittelgebirgslagen in der Präfektur Rethymno gedeiht und einen guten Wein ergibt.

Vilana: Eine weiße Rebsorte, die in der Präfektur Iraklio / Kreta gedeiht und einen erfrischenden, aromatischen Wein ergibt, der den Namen "Peza" trägt.

Xinomavro: Eine ausgezeichnete rote Rebsorte, die ausschließlich in Makedonien gedeiht. Man findet sie in Naousa, Aminteo, Goumenissa und Rapsani. Sie liefert Weine mit gleichnamiger Herkunftsbezeichnung.

Retsina

Die Retsina gehört zu den griechischen Weinen, die seit der Antike bekannt sind, weshalb auch auf dem Etikett dieses ausschließlich griechischen Weines zu lesen ist: "Retsina, eine traditionelle Bezeichnung". Der geharzte Wein, wie er früher genannt wurde, verdankt seinen Namen dem Harz, dem Harz der Kiefern, das dem Most bei der Gärung zugesetzt wird. In der Antike war man der Meinung, daß sich der Wein besser hält, wenn die Krüge, in denen er aufbewahrt wird, mit Harz versiegelt sind. Die Rebsorten Savvatiano und Roditis sind für die Herstellung von Retsina am besten geeignet. Die größte Menge von Retsina kommt aus dem Bereich Mesojia in Attika, da Attika auch die erforderlichen Kiefern für das Harz hat. Man könnte fast sagen, daß die Retsina nicht zur Gruppe der Weine gehört, weil sie in Duft und Geschmack so ganz anders ist. Die Farbe ist gewöhnlich weiß oder rosé, Retsina wird auch gern sehr kalt getrunken. Die alten, traditionellen Tavernen in der Plaka im Schatten der Akropolis servieren Retsina zu den Vorspeisen und die Hauptgerichte werden durch den erfrischenden Geschmack der Retsina unglaublich wohlschmeckend.

DIE BEZEICHNUNGEN DER GRIECHISCHEN WEINE MIT URSPRUNGSBEZEICHNUNG
(QUALTITÄTSWEINE BESTIMMTER ANBAUGEBIETE, Q.b.A.)

Wein	Rebsorte	Merkmale
MAKEDONIEN - THRAKIEN		
1. AMINTEO	Xinomavro / Xinomavro	Ausgewogen, voller Körper, leicht / Natürlich moussierend, helle Farbe, würzig
2. GOUMENISSA	Xinomavro + Negoska	Leuchtende rubinrot, Tanninnote, samten
3. NAOUSA	Xinomavro	Dunkelrot, voller Körper, aromatisch
4. COTES DE MELITON	Limnio + Cabernet Roditis Asirtiko-Athiri	Dunkelrot, samtener Geschmack, volles Bukett, sehr nachhaltig Frisch, blumig, feines Aroma
THESSALIEN		
1. ANCHIALOS	Roditis-Savvatianos	Helle Farbe, frisch, fruchtig
2. RAPSANI	Xinomavro-Karasato -Stavroto	Schönes Rot, in Ziegelrot übergehend, feines Bukett, angenehm nachhaltig
EPIRUS		
1. ZITSA	Debina	Natürlich moussierend, nervig, elegant
2. METSOVO	Cabernet Sauvignon	Voller Körper, abgerundet, elegant
MITTELGRIECHENLAND & EUBÖA		
1. KANTZA	Savvatiano	Leuchtende Farbe, feiner Geschmack, angenehmes Aroma
2. RETSINA (traditionelle Bezeichnung)	Savvatiano-Roditis	speziell griechischer Weißwein mit würzigem Geschmack
PELOPONNES		
1. MANTINIA	Moschofilero	Leicht aromatisch, fruchtig, moussierend
2. NEMEA	Ajioritiko / Ajioritiko	Dunkelrot, voller Körper, duftendes Bukett, sehr nachhaltig / Dunkelrot, angenehme Süße, feines Aroma, nachhaltig
3. PATRAS	Roditis	Frisch, ausgewogen, appetitanregend
4. MAVRODAFNIS PATRAS	Mavrodafni-Korinthiaki	Tiefrote Farbe, abgerundeter Geschmack, aromatisch, süffig
5. MUSCAT DE PATRAS	Weißer Muskat	Hell bernsteinfarben, leichtes Aroma, fruchtig
6. MUSCAT DE RIO	Weißer Muskat	Süffig, sehr nachhaltig
IONISCHE INSELN		
1. ROBOLA	Robola	Lichte Farbe, elegantes Aroma, voller Körper, hohe Qualität
2. MAVRODAFNI von KEFALONIA	Mavrodafni Korinthiaki	Tief dunkelrote Farbe, abgerundeter Geschmack, reiches Aroma
3. MUSCAT DE CEPHALONIE	Weißer Muskat	Bernsteinfarben, Muskat-Aroma, fruchtig
INSELN DER OST-ÄGÄIS		
1. LIMNOS	Moschato	Honigfarben mit lichtem Schimmer, leichtes Muskat-Aroma
2. MUSCAT DE LIMNOS	Muscat d' Alexandrie	Farbe alten Goldes, süffig, von großer Klasse
3. SAMOS	Weißer Muskat	International berühmt als außergewöhnlicher, süßer Dessertwein
DODEKANES		
1. RHODOS	Athiri Mandilaria	Weißgelb, fruchtig, großzügig Leuchtend rubinrote Farbe, mild, körperreich
2. MUSCAT DE RHODES	Weißer Muskat, Trani-Muskat	Natürliche Süße, seit dem Altertum berühmt
KYKLADEN		
1. PAROS	Monemvasia Mandilaria	Dunkle Farbe, reicher Körper, samten, volles Bukett
2. SANTORIN	Asirtiko-Aidani Asirtiko	Bernsteinfarben, blumig, frisch Traditioneller "Liastos", seit dem Alterum bekannt, reicher Geschmack
KRETA		
1. ARCHANES	Katsifali-Mandilaria	Leuchtend rubinfarben, Aroma, angenehmer Geschmack
2. DAFNIES	Liatiko / Liatiko	Traditioneller Mittelmeertyp Flüssiger Körper, voller Geschmack / Traditioneller kretischer Wein des Typs alter Malvasier
3. PEZA	Katsifali-Mandilaria Vilana	Leuchtend rubinfarben, angenehm, weich Frisch, charakteristisches Aroma, fruchtig
4. SITIA	Liatiko	Traditioneller Mittelmeertyp, flüssiger Körper, voller Geschmack
5. MOSCHATO RIOU	Liatiko	Süffiger, traditioneller kretischer Wein vom Typus Malvasier

Damit Sie den Wein noch mehr genießen!

Wein ist an sich schon ein wundervolles Getränk, das sich jedoch erst richtig entfaltet, wenn bestimmte natürliche Regeln eingehalten werden. Wir haben hier die grundlegenden Zehn Gebote zusammengestellt, die Sie dem Weingenuß noch näher bringen.

1. Wein ist ein "lebendiges" Getränk. Man sollte die Flasche vor dem Öffnen nicht heftig zu schütteln. Wein sollte nicht gleich nach dem Kauf getrunken werden, sondern einige Zeit ruhen, damit alle seine Bestandteile in ihren natürlichen Zustand zurückkehren können.

2. Wein sollte nicht länger als zwei Stunden im Kühlschrank stehen oder in der Nähe eines Heizkörpers vergessen werden.

3. Die Flasche oder das Glas mit Wein sollte nicht längere Zeit in der Hand gehalten werden. Durch die Erwärmung verliert der Wein sein Aroma.

4. Junge Weine werden kälter serviert als ältere Weine. Gekühlter Wein erwärmt sich bei Zimmertemperatur innerhalb von zehn Minuten.

5. Rotwein wird gewöhnlich mit Zimmertemperatur (18 Grad) serviert, Weißwein mit etwa 8 Grad. Leichte, fruchtige Rotweine mit 10-12 Grad.

6. Weißwein sollte nicht kälter, Rotwein nicht wärmer serviert werden.

7. Der klassische Geschmack beschränkt den Weißwein und den Rosé auf die Begleitung von Vorspeisen, Fischen und Meeresfrüchten, den gegebenenfalls schweren Rotwein auf kräftigere, schwerere Gerichte. Bei einem Fischgericht mit pikanter Sauce begleitet der Wein die Sauce und sollte deshalb schwer sein. Zu einem Essen, bei dem verschiedene Gerichte serviert werden, paßt ein trockener Rosé immer.

8. Man sollte auf die zeitliche Begrenzung des Weines achten. Nur manche Weine gewinnen durch das Alter.

9. Rotwein sollte mehrere Tage vor dem Servieren bei einer konstanten Temperatur von 10-12 Grad gelagert werden.

10. Wein sollte nicht mit Erfrischungsgetränken und Wasser verdünnt oder mit Eiswürfeln getrunken werden. Sein Geschmack geht damit verloren.

Traditionelle griechische Getränke

Neben den üppigen Mahlzeiten der Feste, den täglichen Gerichten, neben den Si̇ßigkeiten und Leckerbissen, den kleinen und großen kulinarischen Genüssen kennt man in Griechenland eine Reihe einheimischer Getränke, die als ideale Entspannung oder Begleiter eines Gesprächs getrunken werden. Man serviert sie zwischen den Gängen, sie werden von Süßigkeiten oder Salzigem begleitet. Diese Getränke werden als Aperitif, Likör oder Tonikum bezeichnet und sind in den verschiedenen Landschaften Griechenlands jeweils ganz anders, wodurch sie einen ausgeprägt lokalen Charakter haben. In diesem Kapitel werden die lokalen Getränke vorgestellt, die zumeist auch in den Läden dieser Gebiete zu kaufen sind, sowie einige Hausrezepte für Getränke, die man selbst sehr leicht herstellen kann.

Getränke der verschiedenen Landschaften

In ganz Griechenland, aber auch im Ausland ist der griechische Weinbrand sehr bekannt, der von namhaften Weinbrennereien hergestellt wird.

Arta: Einheimischer Likör

Jannina: Rotwein Katidi und der Schaumwein Zitsa

Kavala: Tsipouro Neas Peramou

Kalamata: Raki und Likör "Anthos"

Ikaria: Rotwein

Karditsa: Tsipouro

Korfu: Kumkuat, Likör aus den Früchten des Kumkuat

Kreta: Tsikoudia, ein sehr starker Raki

Zypern: Kommandaria, Rotwein

Larisa: Ouzo Tirnavou und Tspouro aus Tsaritsani

Leros: Soumada

Lesbos: Ouzo von hervorragender Qualität

Monemvasia: Wein aus einer besonderen Rebsorte

Mykonos: Soumada

Naxos: Kitro, Getränk aus den Blättern des Zedrat destilliert

Nisiros: Soumada, ein Bittermandelgetränk

Patras: Mavrodafni-Wein

Rhodos: Koriandolino-Likör

Prevesa: Getränk aus Mandarinen

Tripolis: Likör "Tipota"

Chios: Likör aus Mastix und Ouzo mit dem Aroma von Mastix. In Mesta auf Chios wird eine sehr starke Soumada hergestellt, die aus Feigen destilliert wird.

Getränke

Mandarinenlikör
(liker mandarini)

	Schalen von 5 Orangen
	Schalen von 5 Mandarinen
1	l Ouzo
1 1/2	l Weinbrand
3	Gläser Zucker
2	Gläser Wasser

Die Orangen- und Mandarinenschalen mit einem Liter Weinbrand in ein Glasgefäß geben und 3 Wochen stehen lassen.

Danach einen Sirup herstellen und Wasser und Zucker verrühren. 10 Minuten kochen. Die Schalen gut abtropfen lassen und den Weinbrand mit dem Sirup in einem großen Gefäß gut vermischen. Den restlichen 1/2 l Weinbrand und den Ouzo zugießen. Das Getränk ist fertig! In Flaschen abfüllen.

Sauerkirschlikör
(liker apo visino - tseri)

1	kg Sauerkirschen
1	kg Zucker
1	l Weinbrand
2	Stücke Zimt
4	Nelken

Die Kirschen gut waschen, abtropfen lassen und mit dem Zucker in ein Glas geben. Einen Monat in der Sonne stehen lassen.

Danach das Glas öffnen, den Weinbrand zugießen, Zimt und Nelken zugeben. In der Sonne weitere 3 Wochen stehen lassen. Der Likör ist fertig! Durch einen Filter abseihen und in Flaschen füllen.

Veränderung: Wenn der Likör nach etwas anderem als Zimt und Nelken schmecken soll, können sie auch weggelassen werden und stattdessen Bitterlorbeeressenz verwendet werden, die im Handel in kleinen Fläschchen erhältlich ist.

Zwei oder drei Teelöffel davon zufügen bevor der Likör in Flaschen abgefüllt wird.

Pfirsichlikör
(liker verikoko)

240	Pfirsichkerne
2	l Weinbrand
1 1/2	kg Zucker
4	Gläser Wasser
	Saft von einer Zitrone

Die Kerne aufbrechen und mit dem Weinbrand in ein Glasgefäß geben. Gut verschließen. Den ganzen Sommer über in die Sonne stellen. Um das Getränk zuzubereiten, einen Sirup aus Wasser und Zucker kochen. Zum Abschluß den Zitronensaft zugeben. Den Sirup 10-15 Minuten kochen. Den Weinbrand durch einen Filter abseihen und in den Sirup 10-15 Minuten kochen. Den Weinbrand durch einen Filter abseihen und in den Sirup einrühren. In Flaschen abfüllen.

Mavrodafni-Cocktail
(kokteil mavrodafnis)

2	Teile Mavrodafni
1	Teil Sauerkirschlikör
1	Teil Weinbrand

Die Zutaten gut vermischen und mit viel Eis servieren.

Cyprus Horse

2	Unzen zyprischer Tsipouro
1	Unze frischer Zitronensaft
1/2	Unze Grenadine
4	Eiswürfel, Soda
1	Zweig Minze, eine Zitronenscheibe

Man gibt die Eiswürfel in das kalte Glas und gießt den zyprischen Tsipouro, den Zitronensaft und die Grenadine darüber und schüttelt sie. Man gießt unter Umrühren Soda zu bis das Glas gefüllt ist. Die Zitronenscheibe dazugeben, das Glas mit einem Zweig Minze garnieren und das Getränk servieren.

Der griechische Kaffee

Kleines Wörterbuch des griechischen Kaffee

Briki: So heißt das kleine Gefäß, in dem der Kaffee gekocht wird. Es gleicht einem kleinen Töpfchen und hat einen Stiel.

Kupaki oder Flitzanaki: So heißen die kleinen Täßchen, in denen der griechische Kaffe serviert wird.

Löffel: Hierunter versteht man immer einen Teelöffel, als Maßeinheit.

Kaimaki: Damit bezeichnet man die dicke Schicht mit oder ohne Blasen, die sich bildet, wenn der Kaffee beim Kochen zu sprudeln beginnt. Ein starker Kaffee hat immer eine solche Schicht.

Katakathi: Den griechischen Kaffee trinkt man niemals vollständig. Auf dem Boden der Tasse bleibt ein Satz, den man stehen läßt.

In einem traditionellen kleinen griechischen Kafenion ist das Angebot nicht sehr umfangreich: Ouzo mit Oktopus, Lukumi mit kaltem Wasser, eingelegte Früchte oder Vanilia und vor allem Kaffee. Der außerordentlich starke Kaffee verbreitet überall, wo er gekocht wird, einen aromatischen Duft. Der Kaffee ist einn alter Brauch des Orients, der über die Araber die Griechen in Konstantinopel und Kleinasien erreichte und schließlich eine griechische Lebensform wurde. Trotz der großen Vielfalt an internationalen Kaffeesorten, mit denen heute der griechische Markt überschwemmt wird, hat sich die Neigung der Griechen nur geringfügig verändert.

Seit alten Zeiten war es die tägliche Unterhaltung des griechischen Mannes, ins Kafenio zu gehen und dort bei einem Täßchen Kaffee die Zeitung zu lesen und die letzten politischen Ereignisse mit Freunden zu diskutieren. Auch heute kann man noch in Ortschaften des östlichen Makedoniens und Thrakiens manchen alten Mann treffen, für den der Kaffee ein wirkliches Ritual ist. In einer Kaffeemühle wird der Kaffee, der zuerst behutsam gebrannt wurde, gemahlen und anschließend in einem altertümlichen Stieltopf zubereitet. Wer gebuldig wartet, der erlebt eine einzigartige Erfrischung, wenn er den Kaffee trinkt, dessen Vorbereitung etwa eine Stunde dauerte.

Natürlich bedarf es für den täglichen Kaffee keiner solchen Wartezeiten, denn er wird fertig angeboten. Für Anspruchsvolle soll jedoch angemerkt werden, daß es sich lohnt, den Kaffee ungemahlen zu kaufen und erst vor der Zubereitung zu mahlen, denn der frischgemahlene Kaffee ist eine besondere Erfahrung.

Für Ihren griechischen Kaffee finden sie hier das Rezept.

Und die Zeit für Kaffee ist jetzt!

Kafes varis glikos

Zubereitungszeit 10 Minuten.

1   *Täßchen Wasser*
1¹/₂-2 *Löffel Zucker*
1   *Löffel Kaffee*

   Das Wasser in das "Briki" geben und während es warm wird, den Zucker und den Kaffee zugeben. Wenn sich Blasen bilden vom Feuer nehmen, damit nicht sein "Kaimaki" zerstört wird.

Kafes metrios vrastos

Vorbereitungszeit 10 Minuten.

1   *Täßchen Wasser*
1   *Löffel Zucker*
1-1¹/₂ *Löffel Kaffee*

   Das "Briki" aufs Feuer stellen, die Zutaten zugeben und umrühren. Aufkochen lassen, damit sich kein "Kaimaki" bildet.

Kräuter - Heilpflanzen

Von den Kräutern, den schlichten Gewächsen, die die Natur so reich in der griechischen Landschaft aussät, wo sie von selbst Wurzeln schlagen und wachsen, glaubte man schon im Altertum, daß sie heilende und magische Eigenschaften besäßen. In der griechischen Mythologie erweckte der Seher Polyeidos Glaukos, den Sohn des Minos, mit einem Kraut wieder zum Leben, das ihm eine Schlange verraten hatte.
Die Überlieferung vieler Jahrhunderte weiß von Kräutern für die Liebe, von Kräutern für Fruchtbarkeit, für Gesundheit und sogar für Unsterblichkeit. In vielen Gegenden Griechenlands hält das Volk den Tag vor dem Fest des Johannes des Täufers für geeignet, um Kräuter zu sammeln. Doch bemerkenswert sind die wohltätigen Eigenschaften, die die Kräuter der reinen Natur haben.

Kamillle: Die Blüte dieser duftenden Pflanze, die sich im Frühling wie ein Teppich über Griechenland ausbreitet, ist ein wunderbares Antiseptikum, Beruhigungsmittel und ein heilkräftiger Tee bei Magen - und Darmproblemen. Die Blüten werden gekocht und man rechnet für jede Tasse Wasser einen Teelöffel Kamille.

Minze: Diese würzige Pflanze mit sehr angenehmem Geschmack hat erfrischende und verdauungsfördernde Wirkung. Verwendet werden die blühenden Spitzen und die frischen Blätter der Pflanze. Für die Zubereitung des Tees gibt man einen Teelöffel Minze auf eine Tasse kochendes Wasser.

Melisse: Die schöne und duftende Zitronenmelisse kommt in ganz Griechenland vor. Sie ist so angenehm und nützlich! Sie wirkt schmerzlindernd bei Magen - und Gelenkleiden und beruhigend bei Nervosität und einer Reihe anderer Beschwerden. Die blühende Pflanze wird eine Minute gekocht. Man rechnet für eine Tasse kochendes Wasser einen Teelöffel Melisse.

Anis: Der Tee aus gekochten Anissamen bekämpft bekämpft die Trägheit des Verdauungstraktes und hat einen angenehmen Geschmack. Außer ätherischen Ölen enthält er auch viel Kalzium.

Eukalyptus: Die Blätter dieses Baumes sind reich an heilkräftigen ätherischen Ölen und werden als Antiseptikum verwendet. Ihr Aufguß wird getrunken und ist verdauungsfördernd und erfrischend, die äußerliche Anwendung wirkt desinfizierend und heilkräftig.

Salbei: Die aromatischen Blätter dieser Pflanze, die hauptächlich in den griechischen Bergen wächst, ergeben einen Tee, der verbauungsfördernd, reinigend und leicht abführend wirkt. Er gilt auch als Schönheitsmittel für die Haare. Für die Zubereitung des Tees verwendet man einen Teelöffel Salbei auf eine Tasse kochendes Wasser.

An den Hängen der Griechischen Berge wächst der Salbei.

Die Maße der Zutaten

Eine normale Teetasse von mittlerer Größe ist das Grundmaß unserer Rezepte. Um Ihnen bei der Arbeit zu helfen, finden Sie im folgenden eine Umrechnungstabelle in die von Ihnen bevorzugten Maße.

1 Tasse Mehl entspricht 16 Eßlöffeln oder 120 g
1 Tasse Milch entspricht 16 Eßlöffeln oder 225 g
1 Tasse Zucker entspricht 16 Eßlöffeln oder 225 g
1 Tasse Öl entspricht 16 Eßlöffeln oder 225 g
1 Tasse Honig entspricht 16 Eßlöffeln oder 350 g
1 Tasse Wasser entspricht 16 Eßlöffeln oder 240 g
1 Tasse Reis entspricht 225 g
1 Tasse Grieß entspricht 175 g
1 Tasse geriebener Käse entspricht 110 g
1 Tasse Sahne entspricht 225 g
1 Eßlöffeln Flüssigkeit entspricht 3 Teelöffeln
1/4 Tasse entspricht 4 Eßlöffeln
für 1 Tasse frische Zwiebeln werden 8 Zwiebeln benötigt
für 1 Tasse feingeschnittene Zwiebel wird 1 große Zwiebel benötigt
für 1/2 Tasse feingeschnittene Zwiebel wird eine mittelgroße Zwiebel benötigt

Temperaturen des Bachrohrs

120° C = sehr schwache Hitze
150° C = schwache Hitze
177° C = mittlere Hitze
180° C = mittlere bis große Hitze
205° C = große Hitze
232° C = sehr große Hitze

Index

Ägäische Meeresfrüchte 142
Anchovis mit Tomate 100
Artischocken a la Polita 107
Artischocken
mit dicken Bohnen 106
Artischocken mit Erbsen
in Ei-Zitronensoße 108
Auberginenauflauf 79
Auberginen eingelegt 151
Auberginen Imam 108
Auberginen mit Kartoffeln
im Topf 109
Auberginen Paputsakia 86
Auberginensalat 20

Bauernsalat 31
Bisquits 161
Blätterteig 34
Blumenkohlsalat 29
Bohnen in Tomatensoße 19
Bohnensalat 29
Bohnensuppe 44
Bunter Gemüsetopf (Pilio) . . . 144
Burdeto
(Fischspezialität aus Korfu) . . . 143

Chalvas aus Grieß 162
Chalvas nach Rinas Art 163

Eingelegtes Gemüse 151
Ei-Zitronensoße 47

Falsche Fleischbällchen
(Santorin) 135
Fischfilet im Backrohr mit Öl
und Oregano 101
Fischrogenküchlein 15
Fischrogensalat 21
Fischsuppe 42
Fleischbällchen als Vorspeise . . . 75
Fleischbällchen mariniert 75
Fleischküchlein (Frikadellen)
gegrillt 74
Fleischküchlein (Frikadellen)
im Ofen mit Kartoffeln 84
Fleisch mit Gemüse 60
Fleischpastete 31
Fleischspieß mit Teigfladen 66
Fleisch vom Spieß 123
Frischer Salat in drei Farben . . . 30
Fritierte Honigkugeln 167
Fritierte Schleifen 166

Garnelen Juvetsaki 97
Garnelen mit Reis 97
Gebäck mit Frischkäse
Gebratene Miesmuscheln 11
Gebratene Paprika 19
Gebratene Zucchini 19
Gebratenes Hammelgekröse
Gebratener Käse mit Ei 23
Geflochtene Därme 13
Gefüllte Kartoffeln 22
Gefüllte Milz 12
Gefüllte Seeigel (Spetses) 141
Gefüllte Tintenfische
(Kalamares) 94
Gefüllte Tomaten
mit Hackfleisch 87
Gefüllte Tomaten und Paprika . 112
Gefüllte Weinblätter 22
Gefüllte Weißkohlblätter 80
Gefüllte Weißkohlblätter
in saurer Soße 80
Gefüllte Ziege oder Lamm
(Naxos) 134
Gefüllte Zucchini 87
Gefüllte Zwiebeln (Lesbos) . . . 140
Gefüllter Truthahn 127
Gefülltes Huhn 55
Gekochte Fleischbällchen
mit Ei-Zitronensoße 77
Gekochte Zucchini 29
Gekochter Fisch mit Gemüse . . . 99
Gekochter Oktopus 10
Gekochtes Rindfleisch
mit Gemüse 63
Gelbe Erbsen 108
Gemüsesuppe 43
Gepökelte Oliven 152
Gewürze und Gewürzkräuter
Griechische Boullabaisse 42
Grüne Bohnen in Öl 113
Grüne Oliven 152
Grüner Salat 27
Gurkensalat mit Joghurt 24

Hackbraten 76
Hackfleischbällchen 74
Hackfleischröllchen 85
Hähnchen in Wein 54
Hammel am Spieß 118
Hammelfleisch
Hammelrippchen vom Grill 71
Hase mit Zwiebeln 53
Hausgemachte Nudeln (Rhodos) 139
Heringssalat 11

Honiggebäck 131
Hühnerpastete 39
Hühnersuppe
Huhn mit breiten Nudeln 55
Huhn mit Reis
Huhn mit Zitrone im Backrohr . . 54
Huhn mit Okra 52
Hummer gekocht
mit Zitronensoße 98

Innereien im Darm 12
Innereien mit Milz 13
Innereien mit Öl und Oregano . 12
Innereien mit Reis 14
Joghurtsoße mit Gurke
und Knoblauch 21
Jorti (Samos) 140
Junge Täubchen in Wein 52

Kalbfleisch im Topf (Korfu) . . . 142
Kalbfleisch im Topf mit Kartoffeln 58
Kalbfleisch in Käseumhüllung . . 63
Kalbfleisch in Tomatensoße
mit Nudeln 58
Kalbfleisch in Tomatensoße
mit Püree 59
Kalbfleisch mit Zucchini 60
Kalbfleisch mit Zwiebeln 62
Kalbsbraten im Topf mit Erbsen . 61
Kalbsfilet gefüllt (Zakynthos) . . 143
Kalbsleber mariniert 12
Kalbsleber mit Zwiebeln 13
Kalbszunge in Wein 60
Kaninchen in Wein 52
Kaninchen mit Zwiebeln 53
Kartoffelküchlein 15
Kartoffelsalat 27
Kartoffeln im Backrohr mit Öl
und Oregano 109
Kartoffeln mit Tomaten
im Backrohr 113
Kartoffeln & Zucchini
im Backrohr 110
Käsepatetchen 17
Käsepastete I 35
Käsepastete II 35
Käsepastete (Kreta) 138
Kichererbsensuppe 44
Kirschen eingelegt 159
Kleine Seefische gebraten 91
Knoblauchcreme 20
Knoblauchsoße 48
Kohl mit Hackfleisch (Chios) . . . 141
Krabbensalat 10